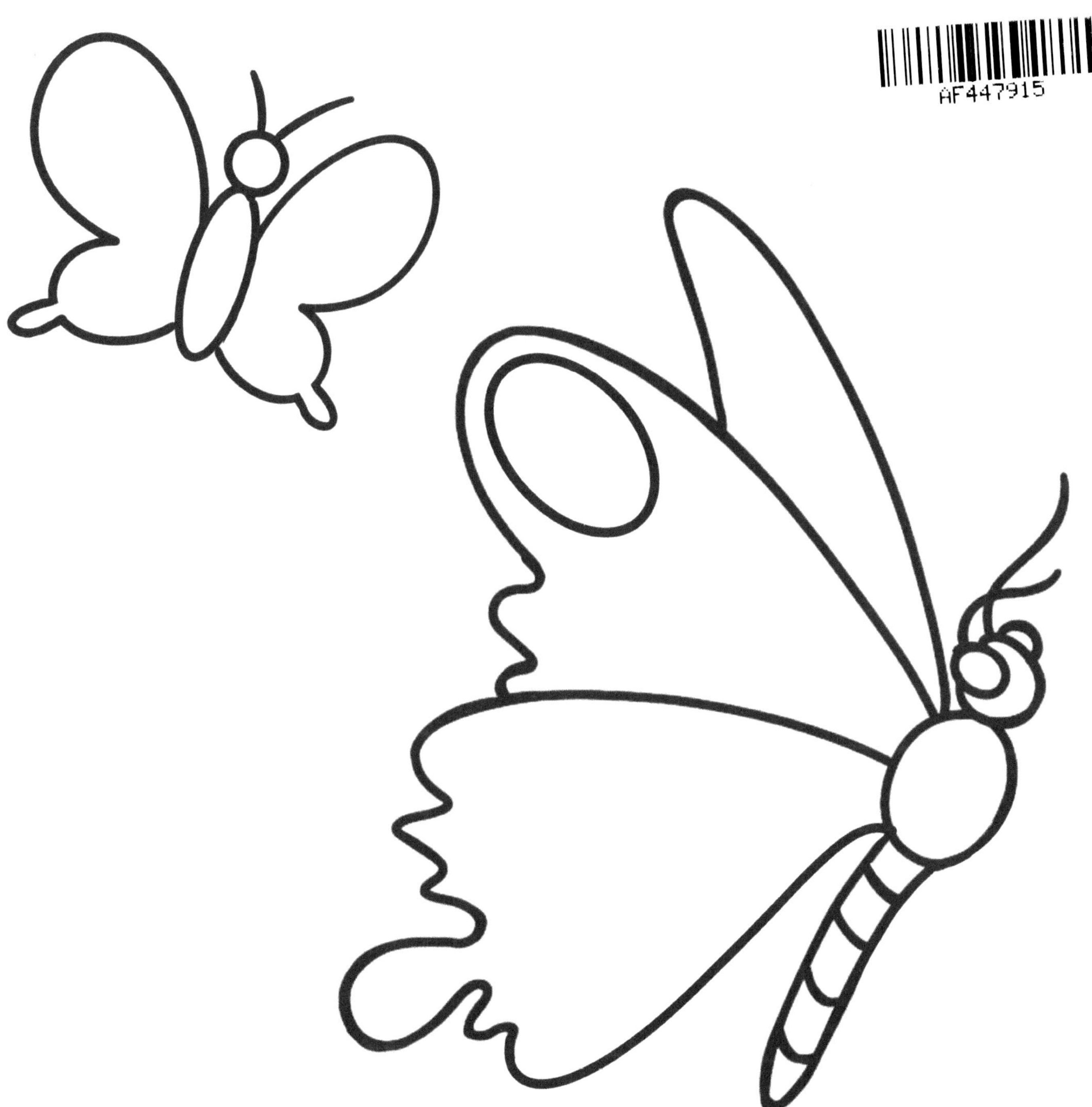

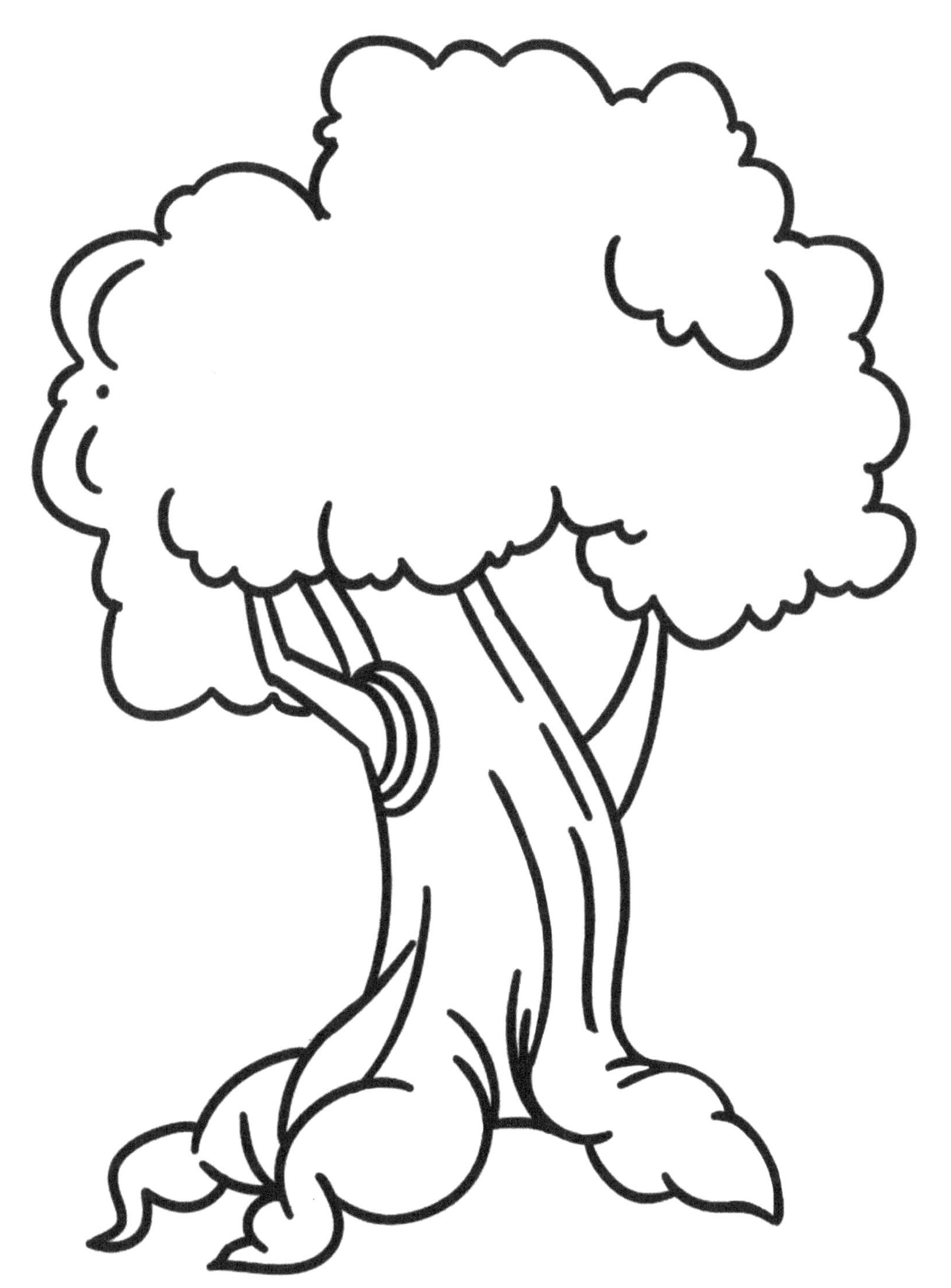

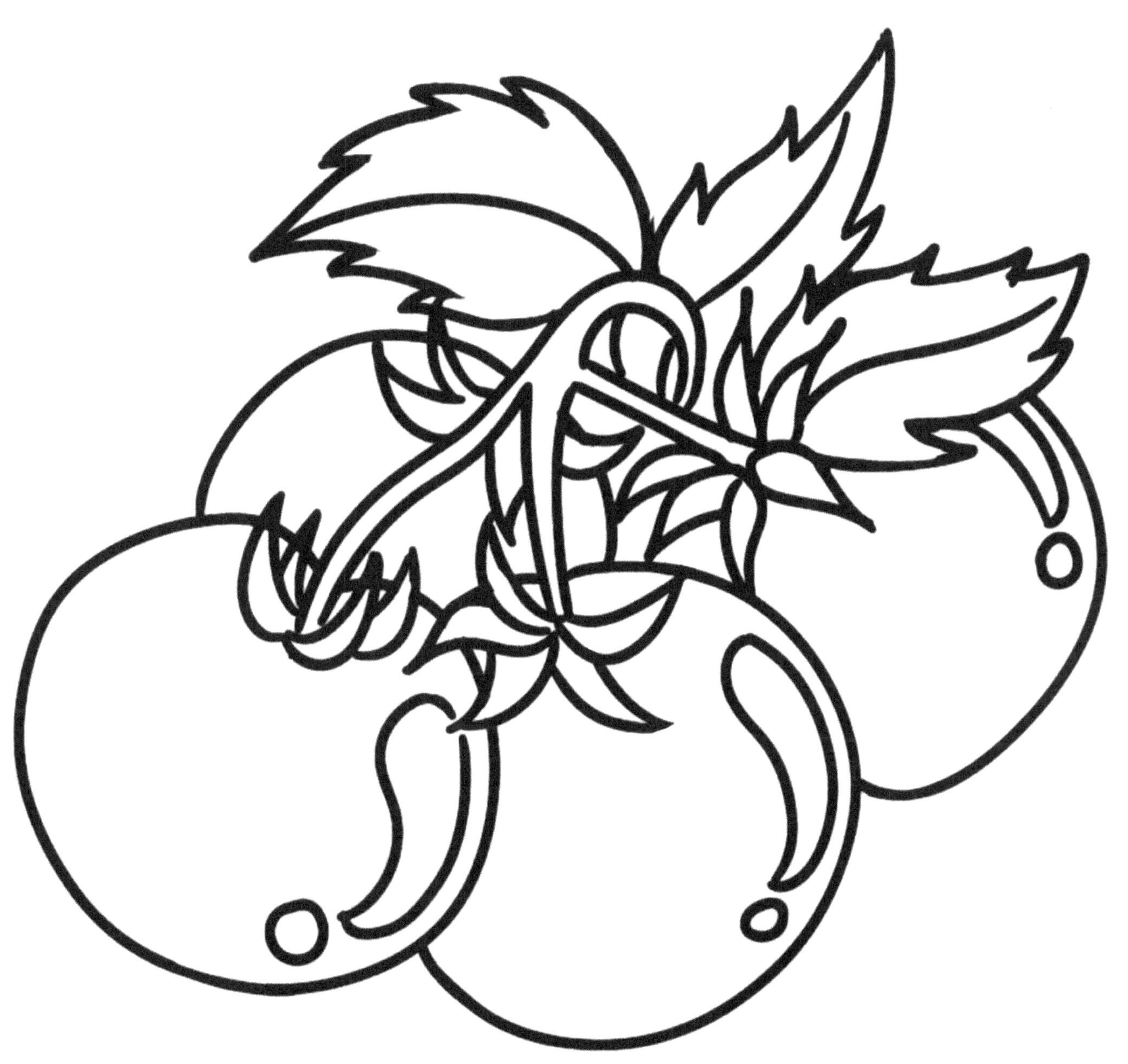

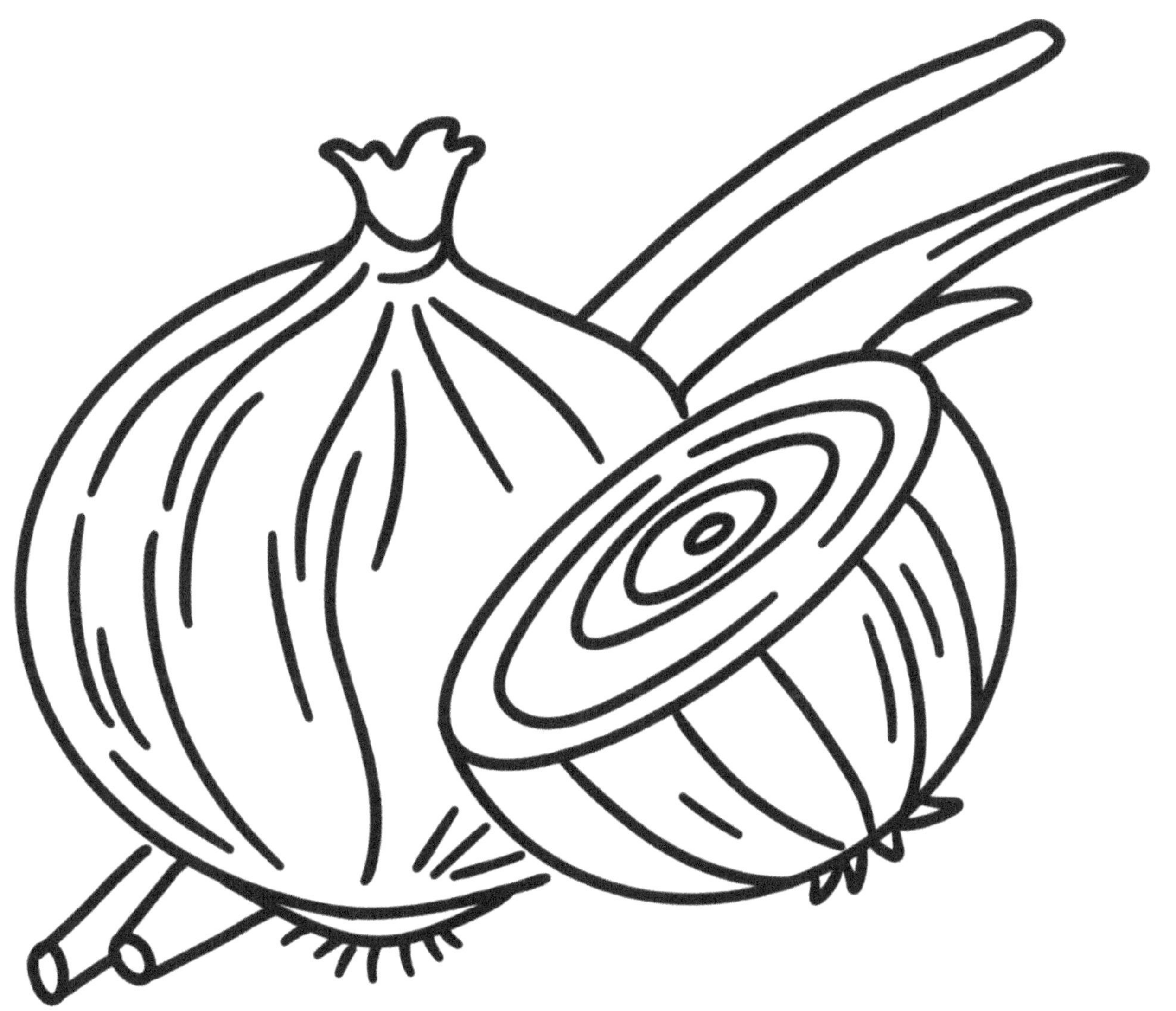

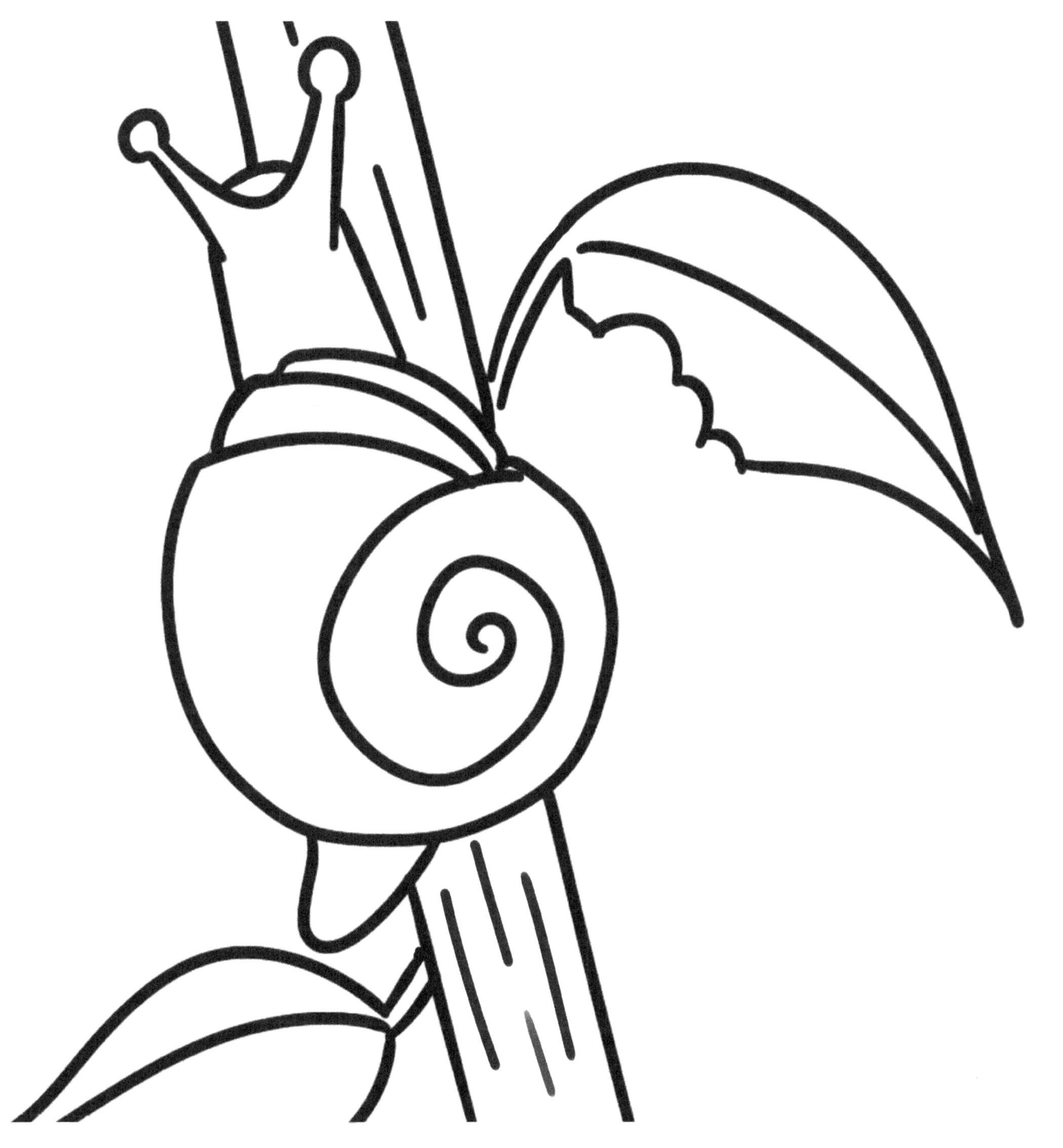

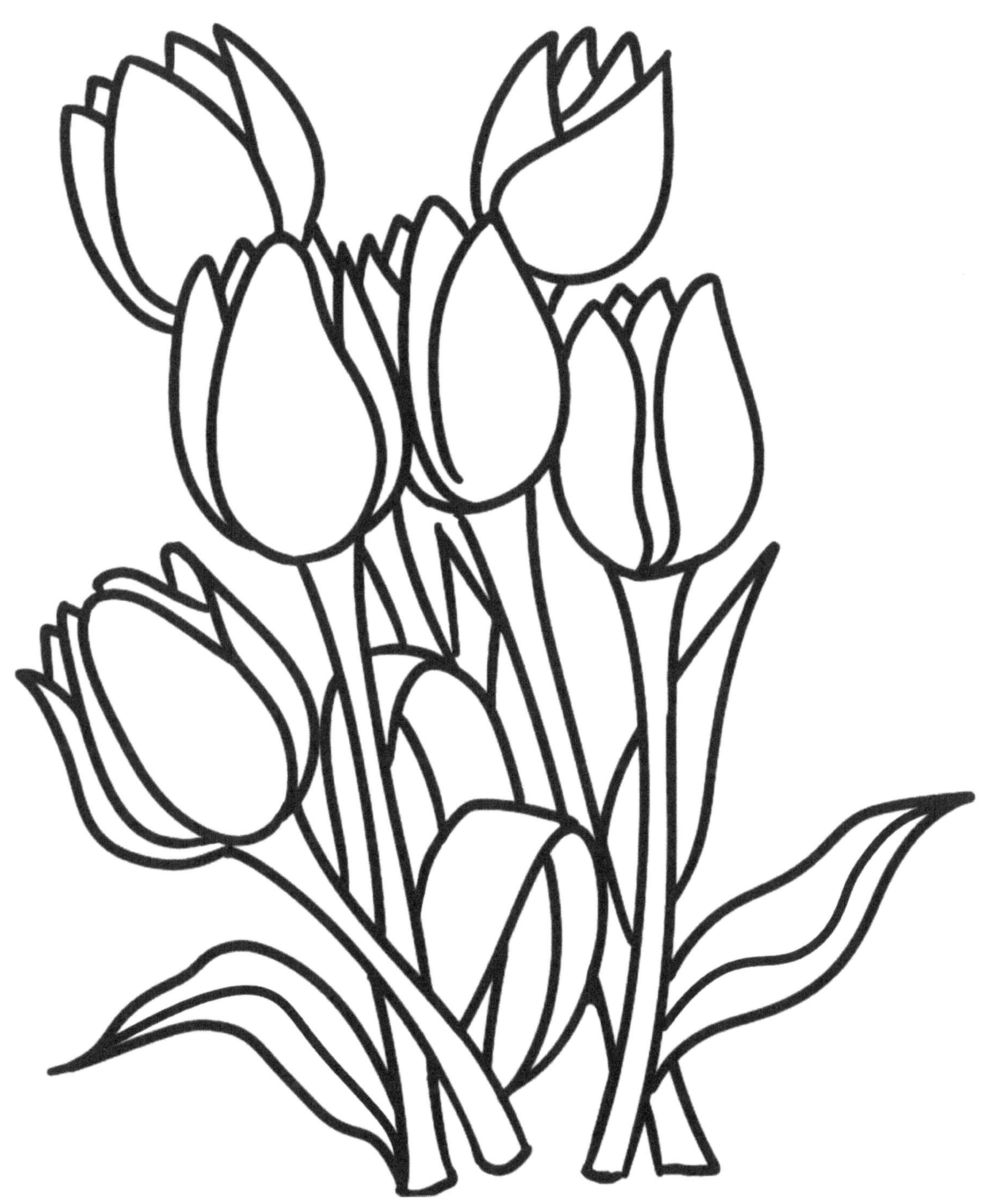

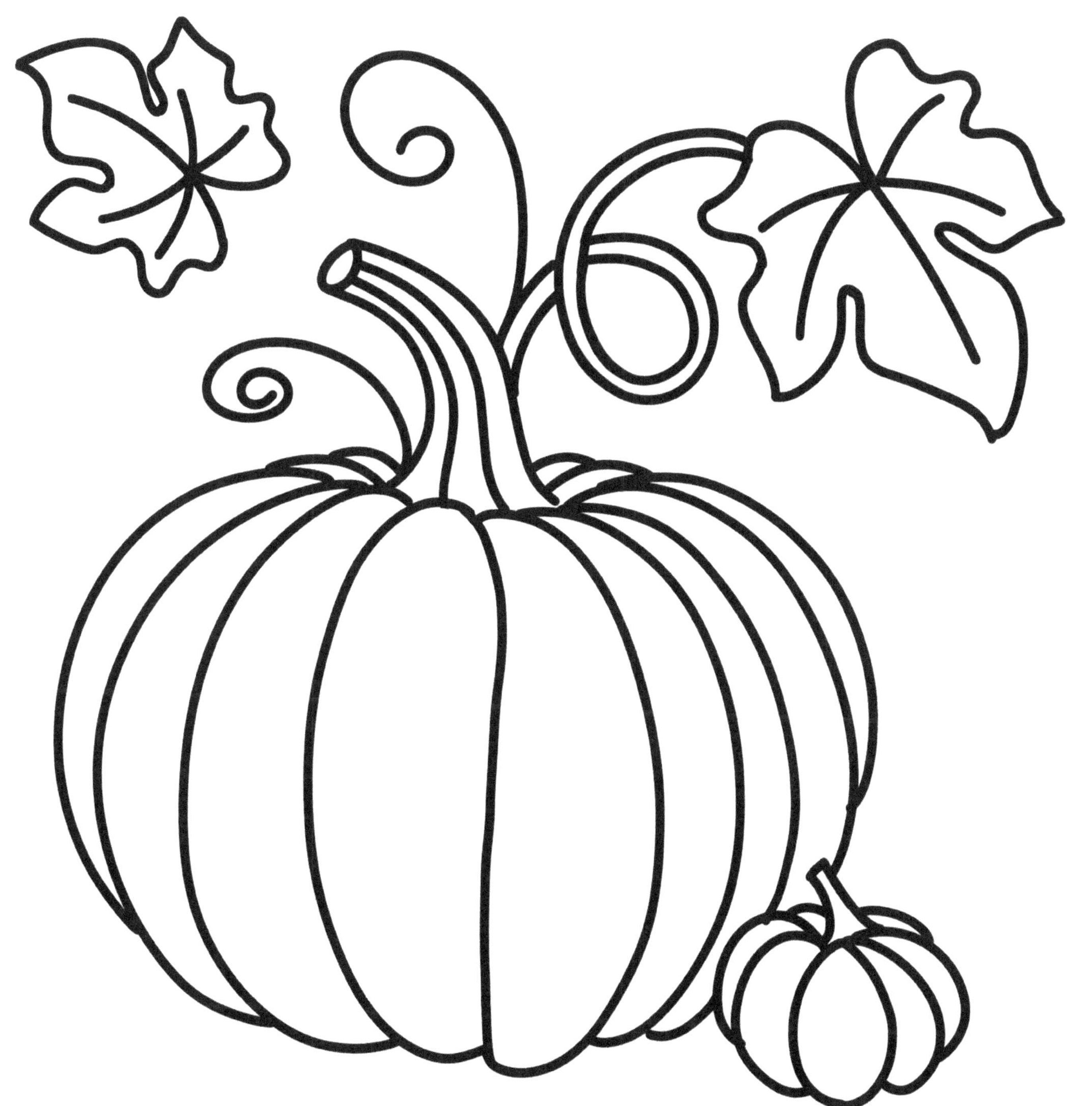

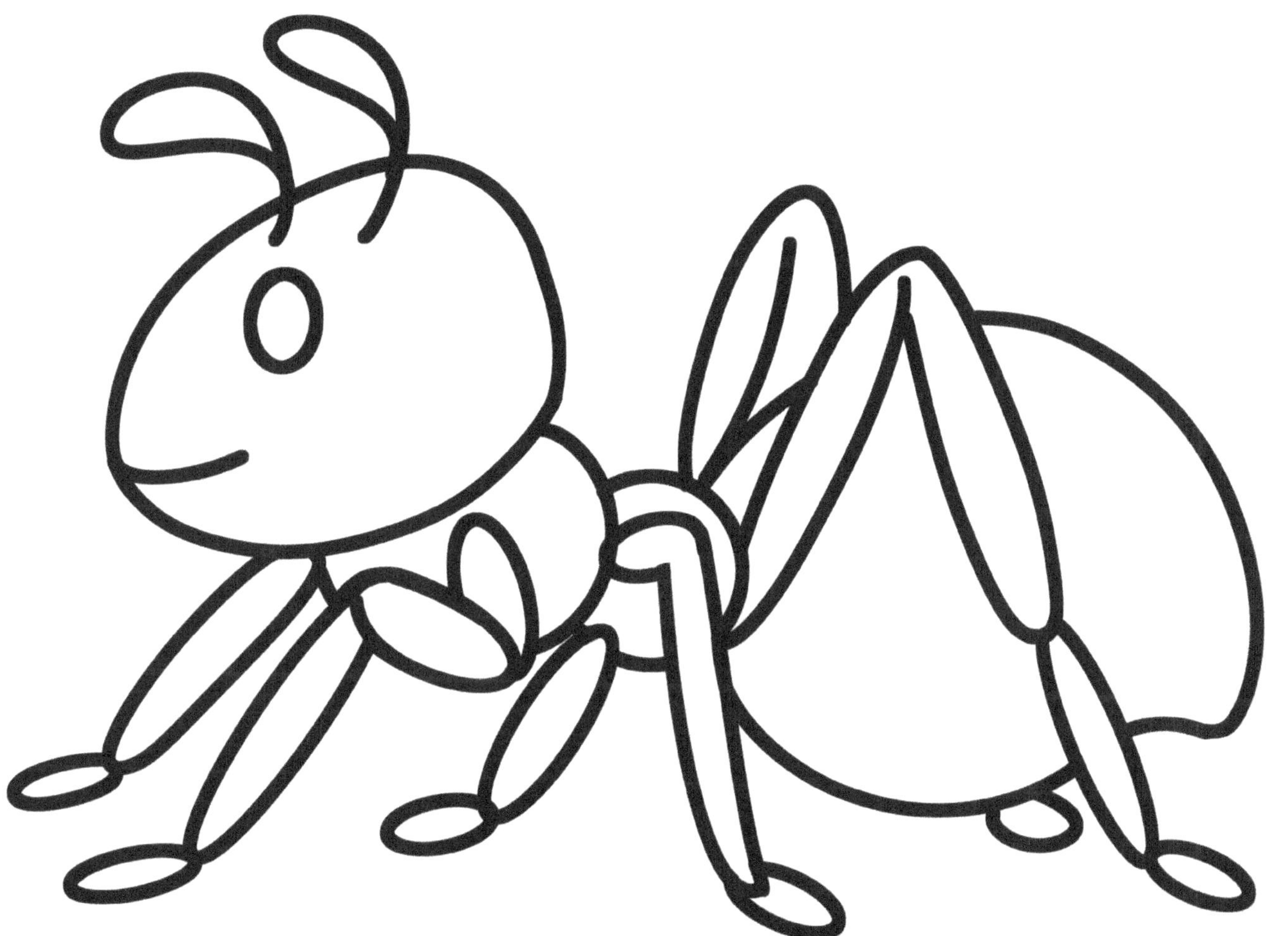

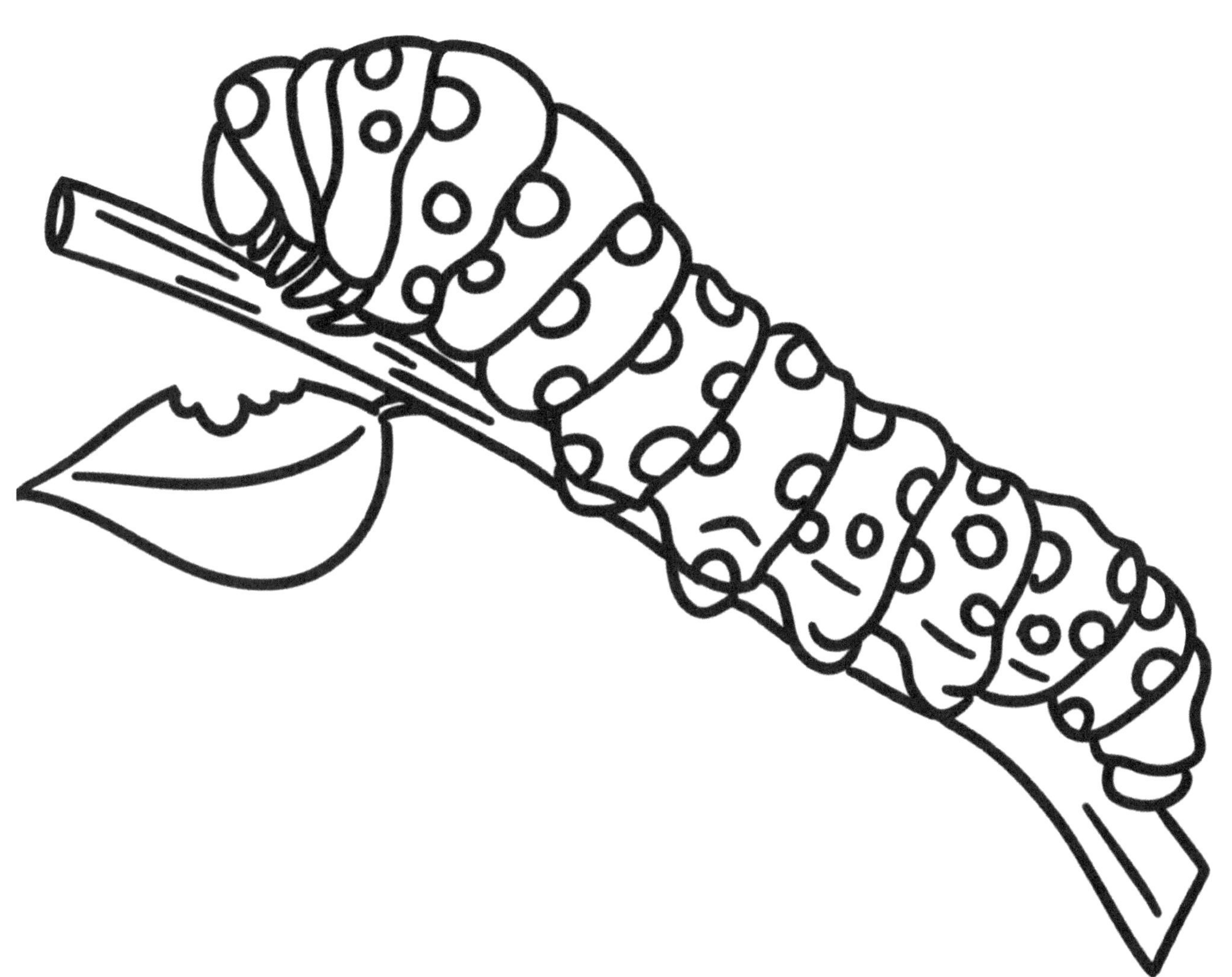

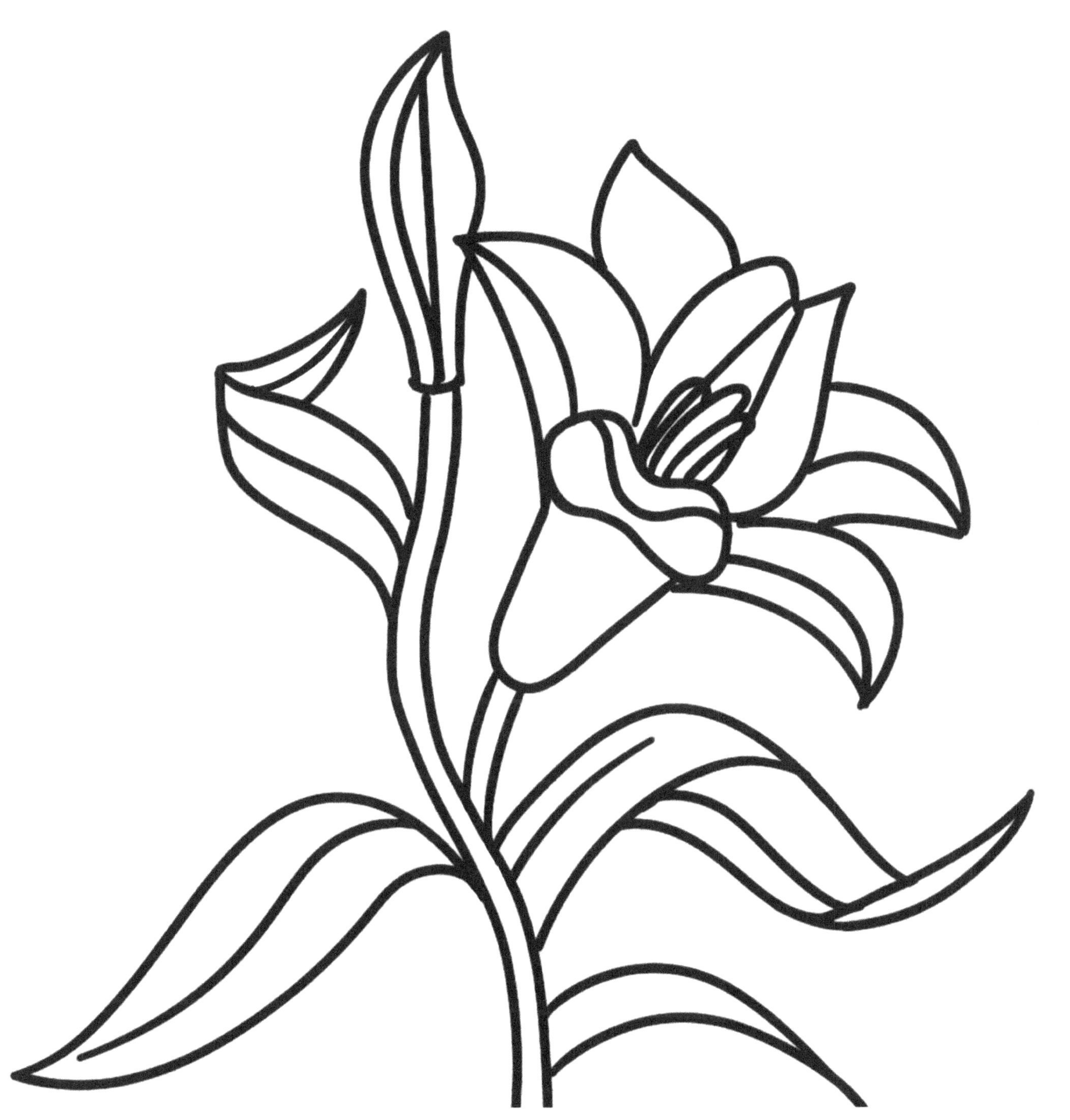

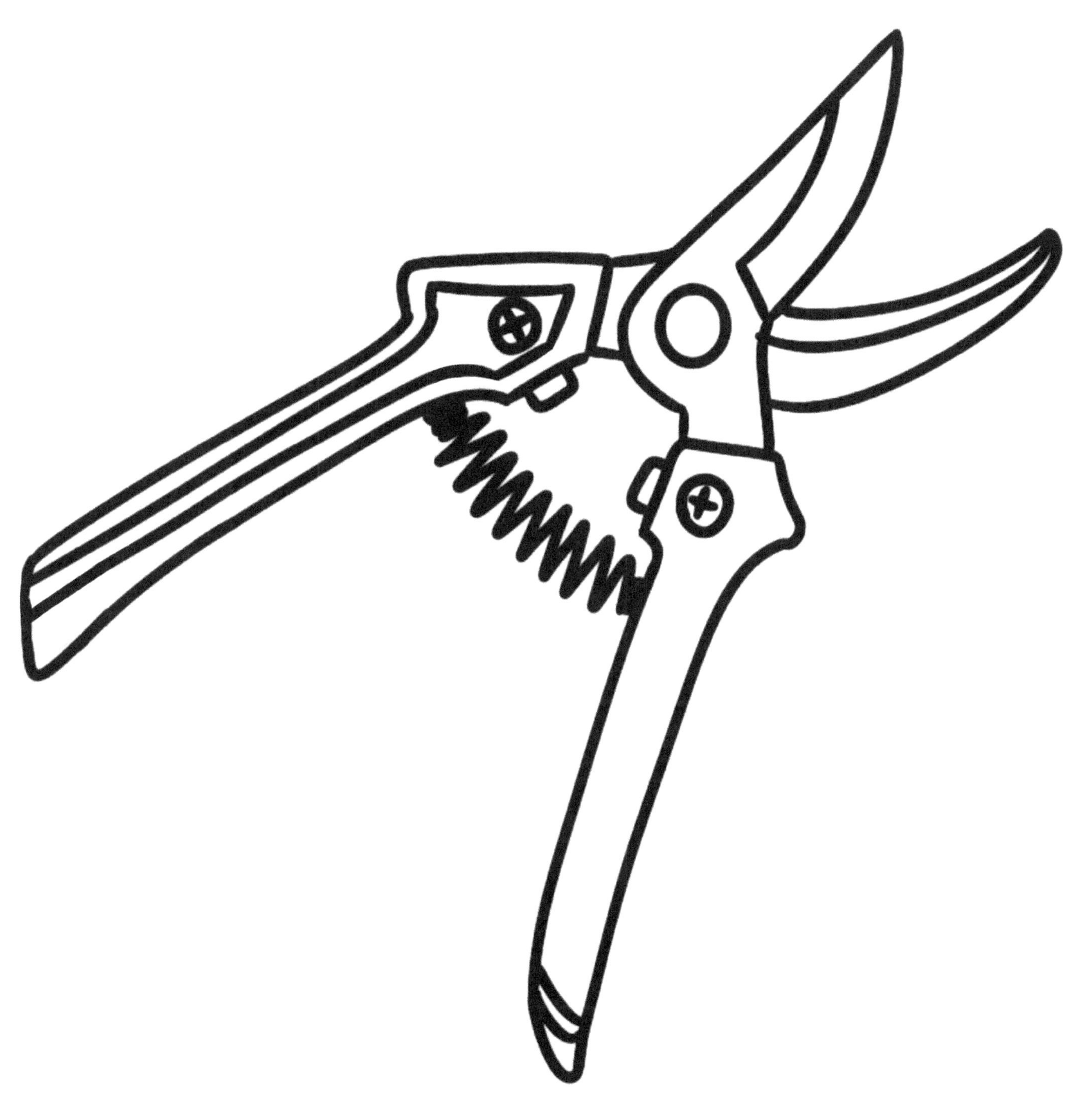

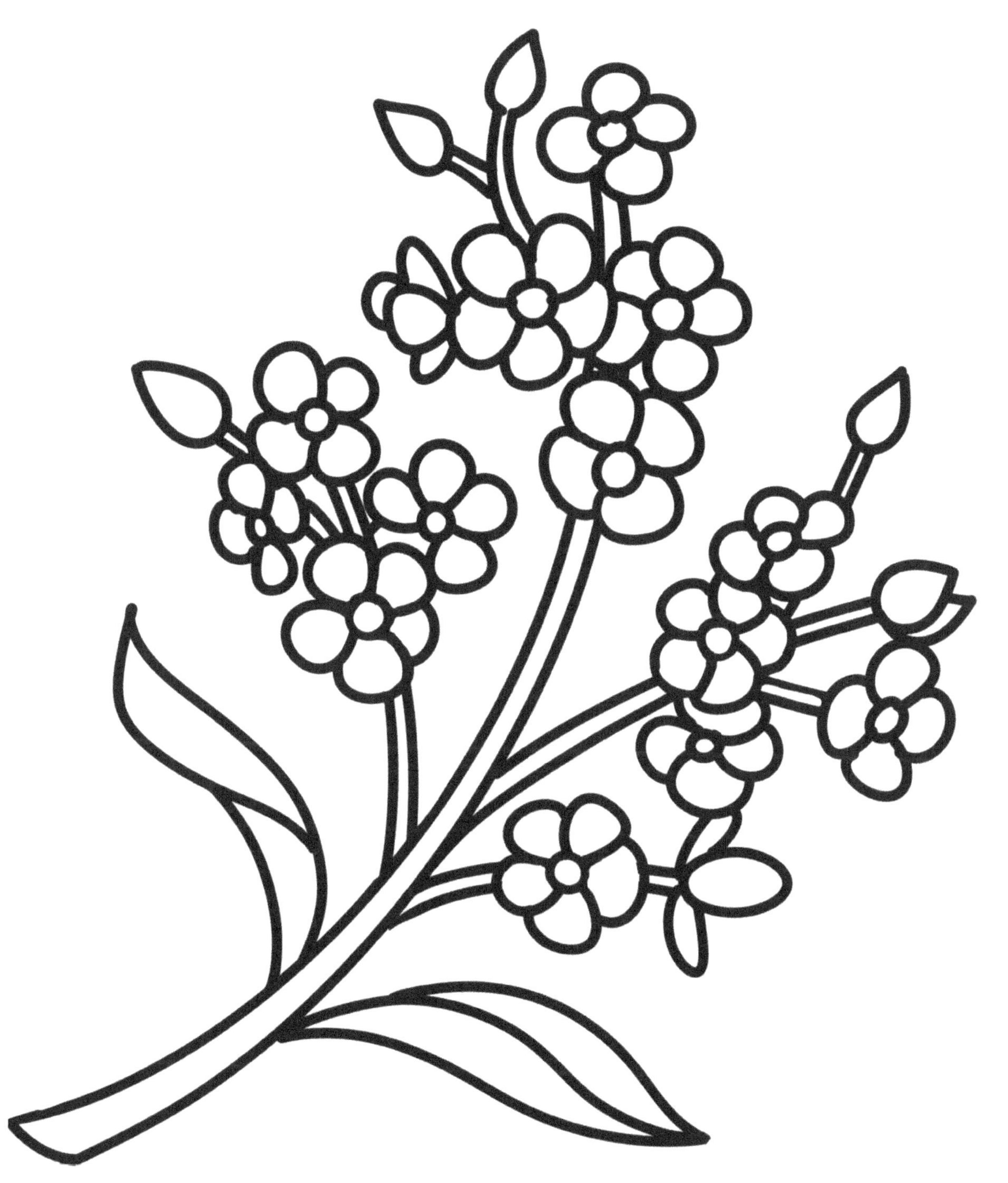

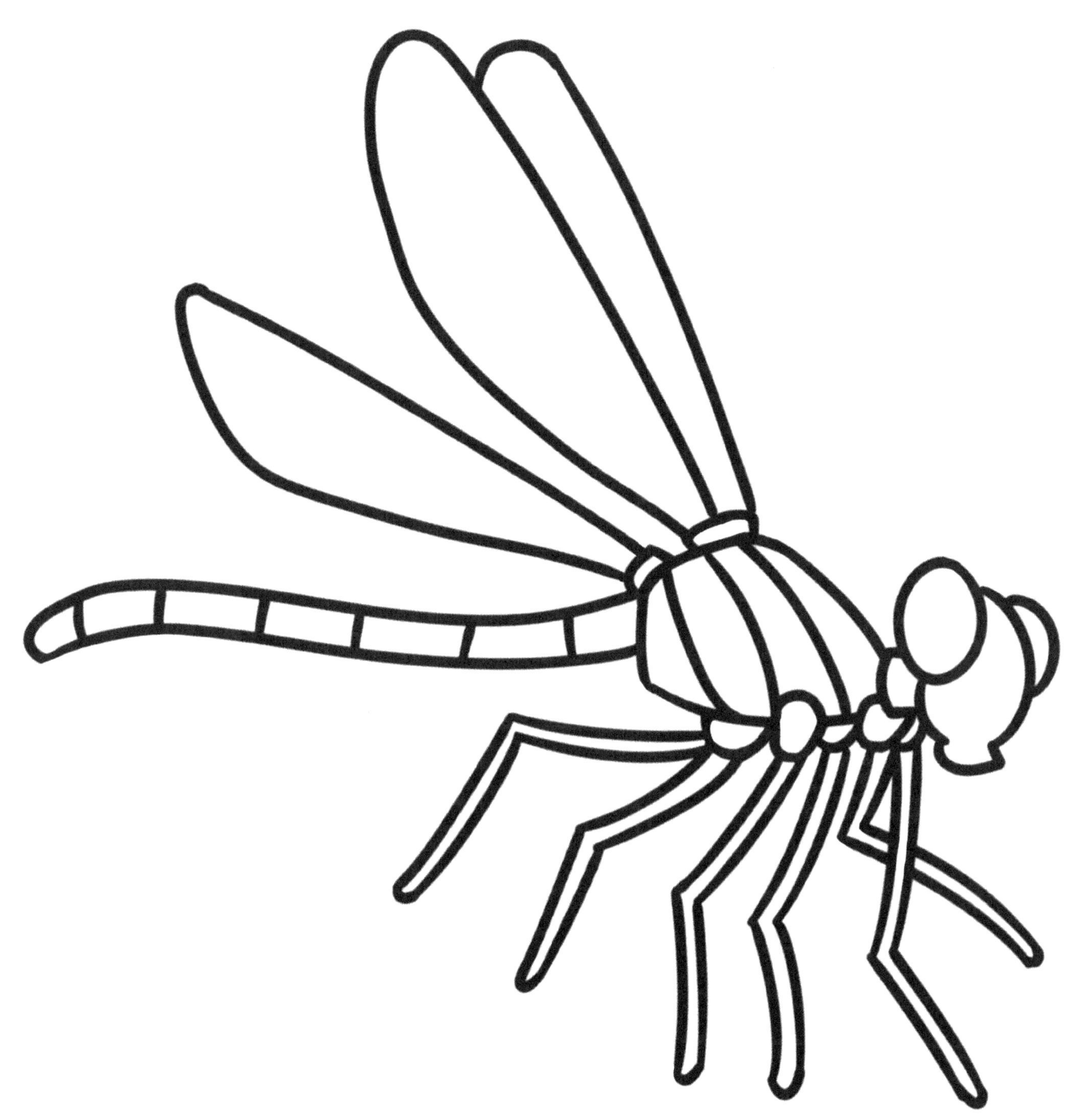

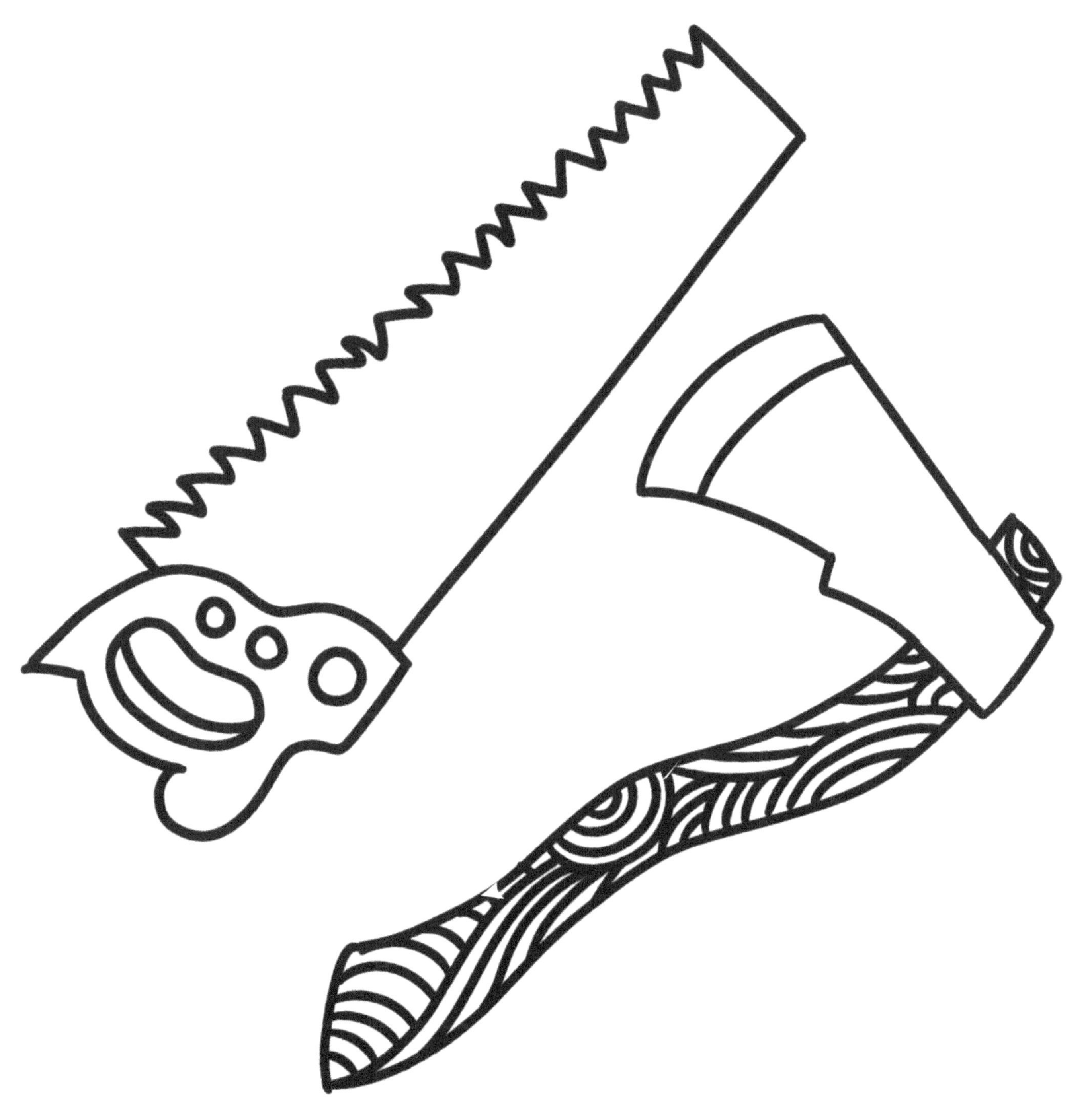

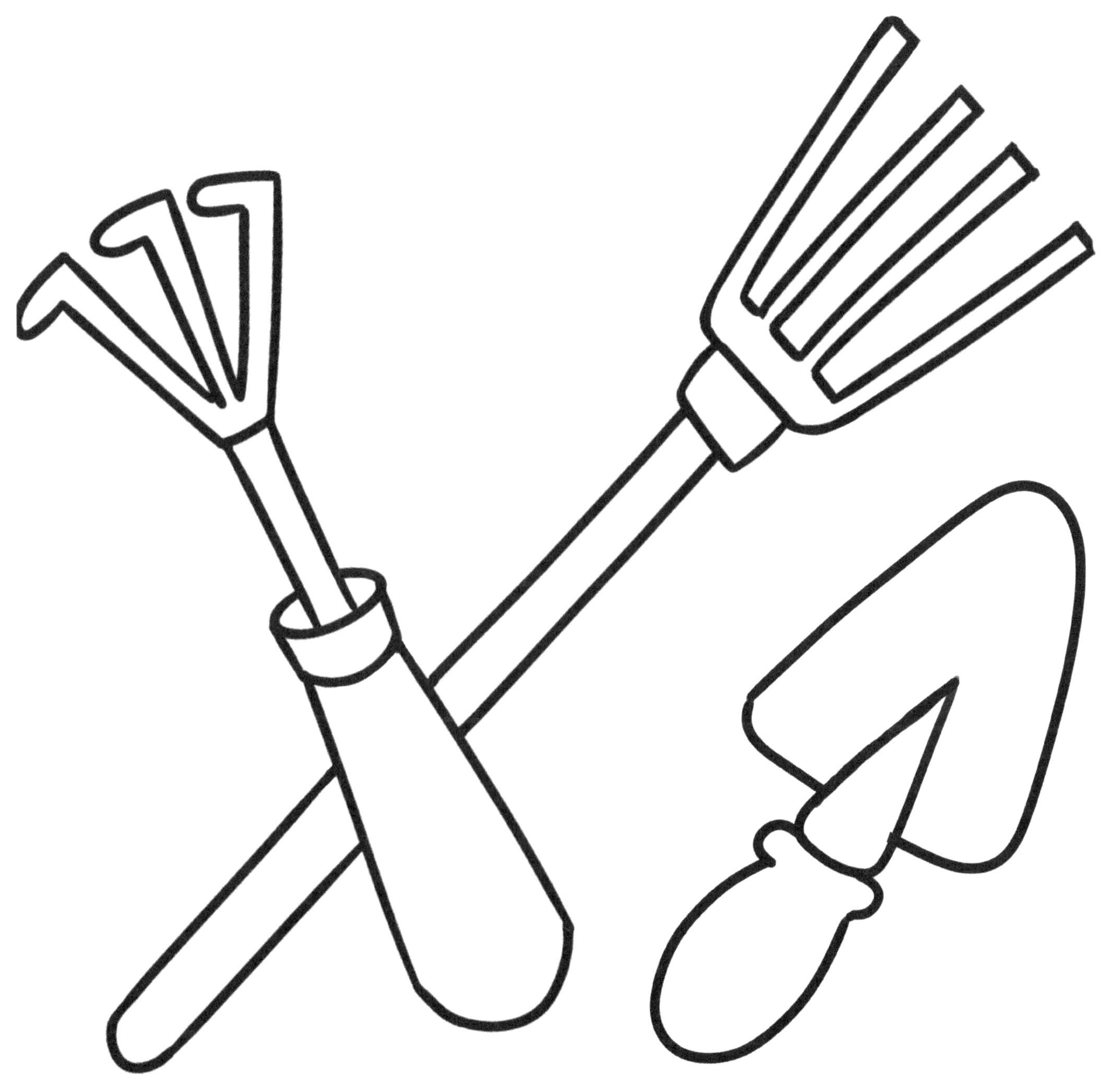

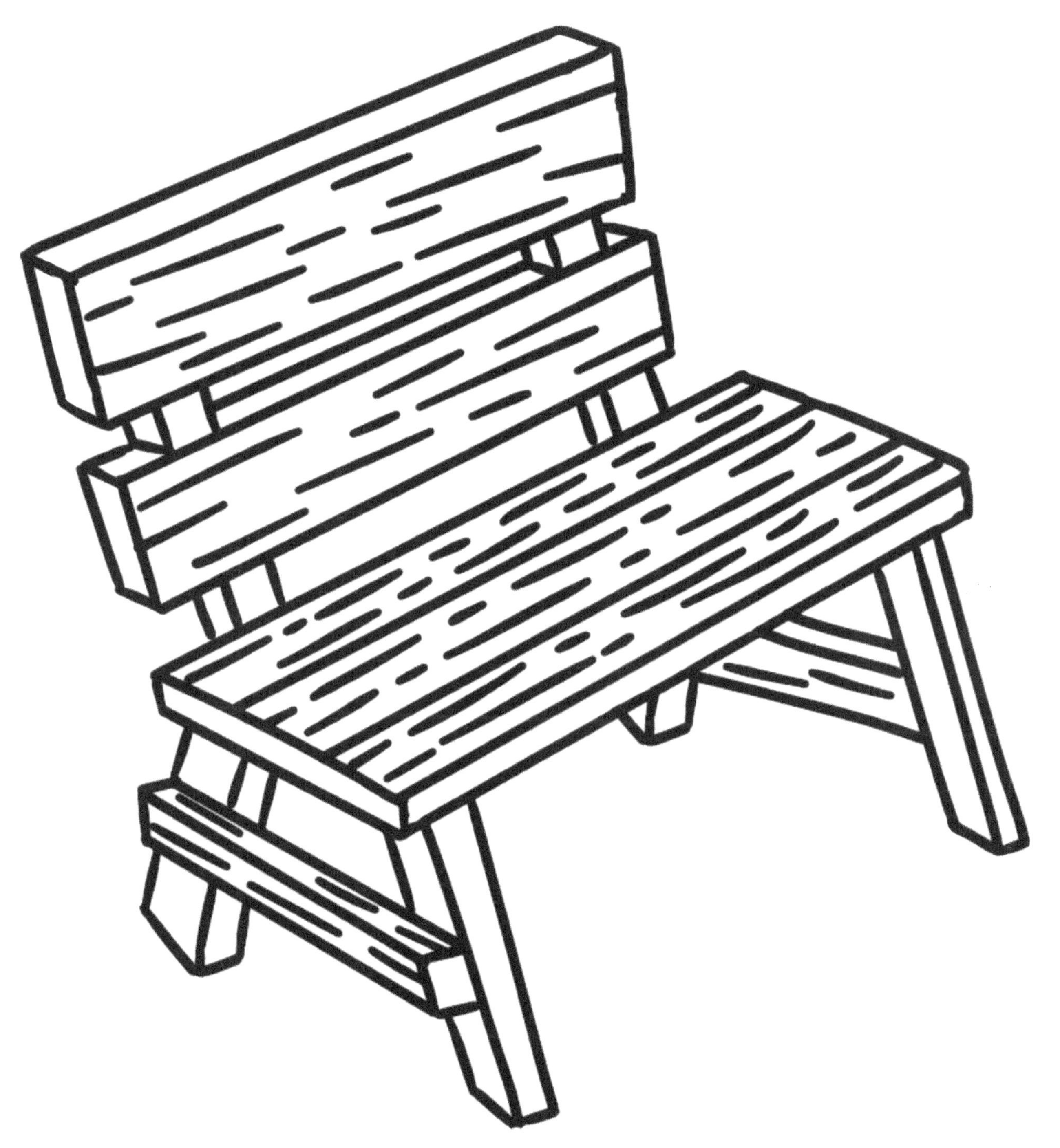

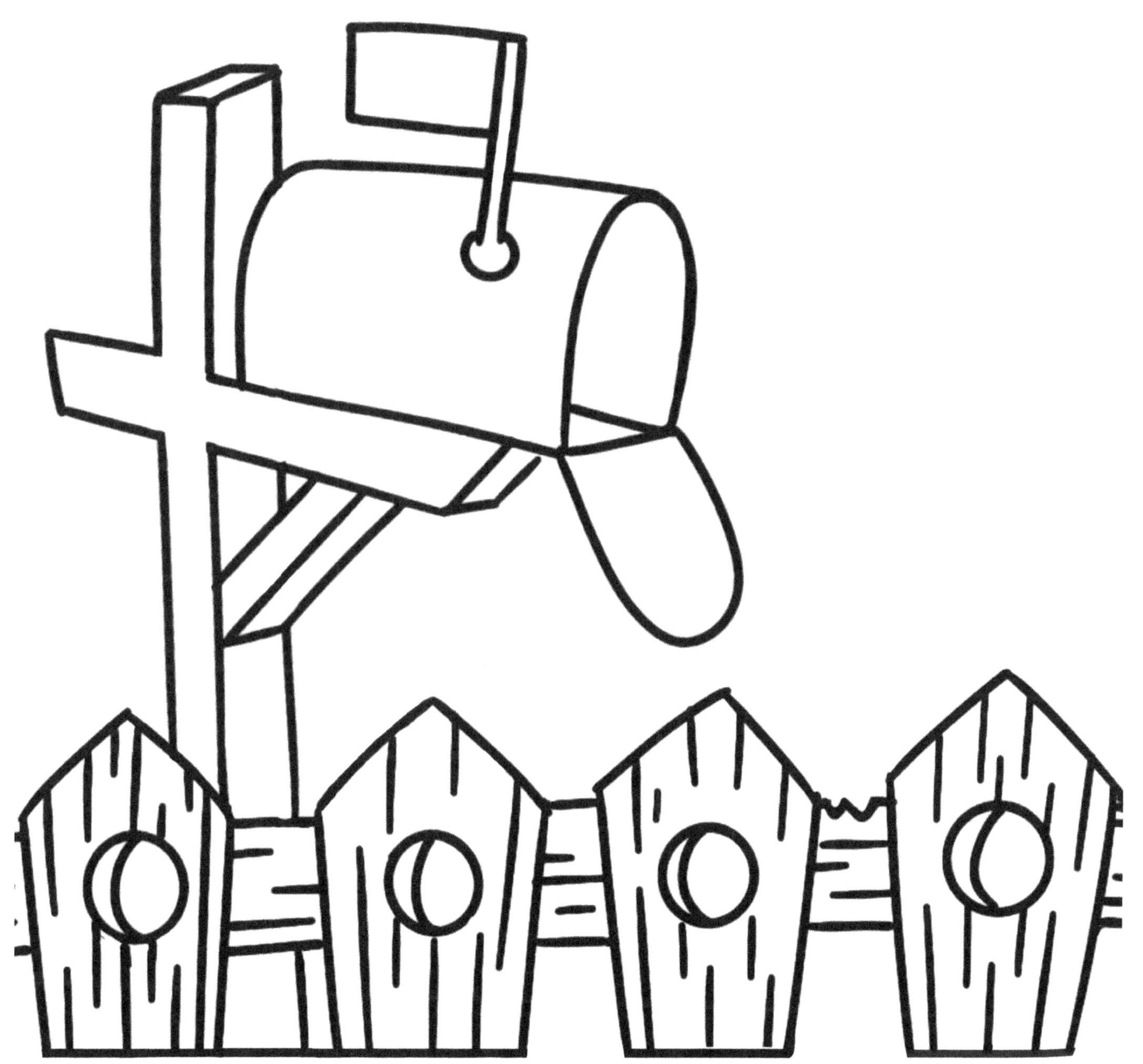

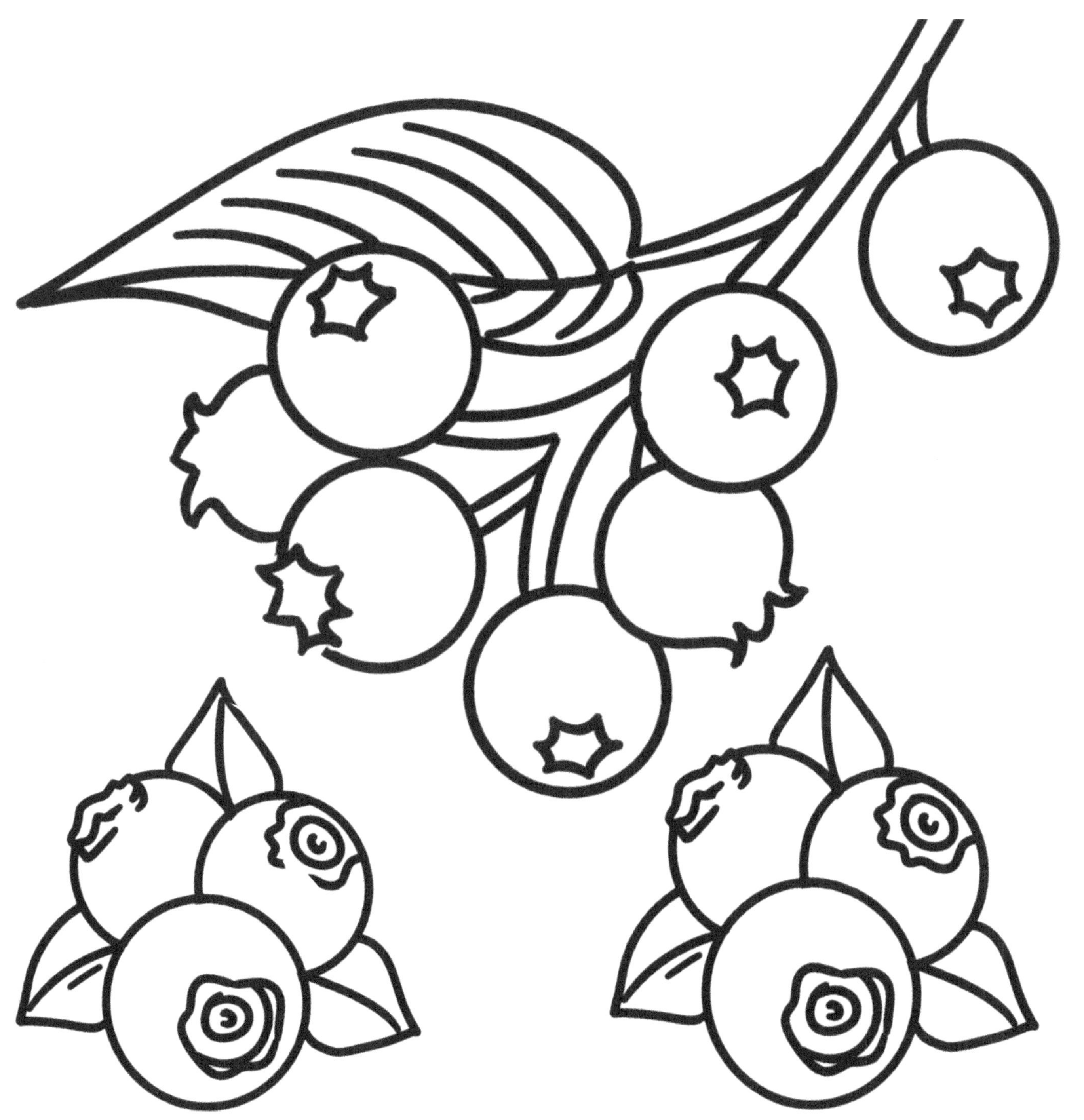

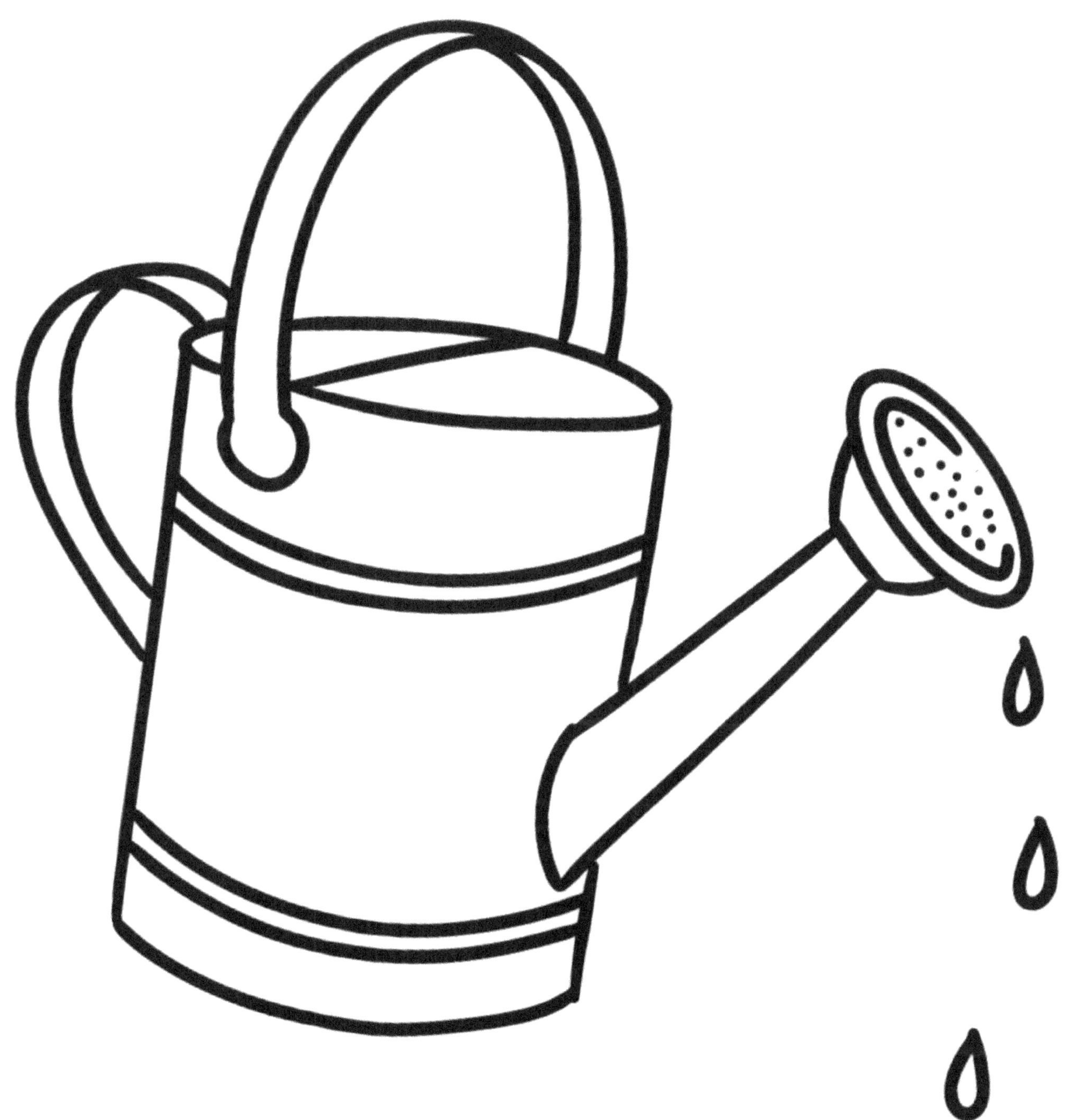

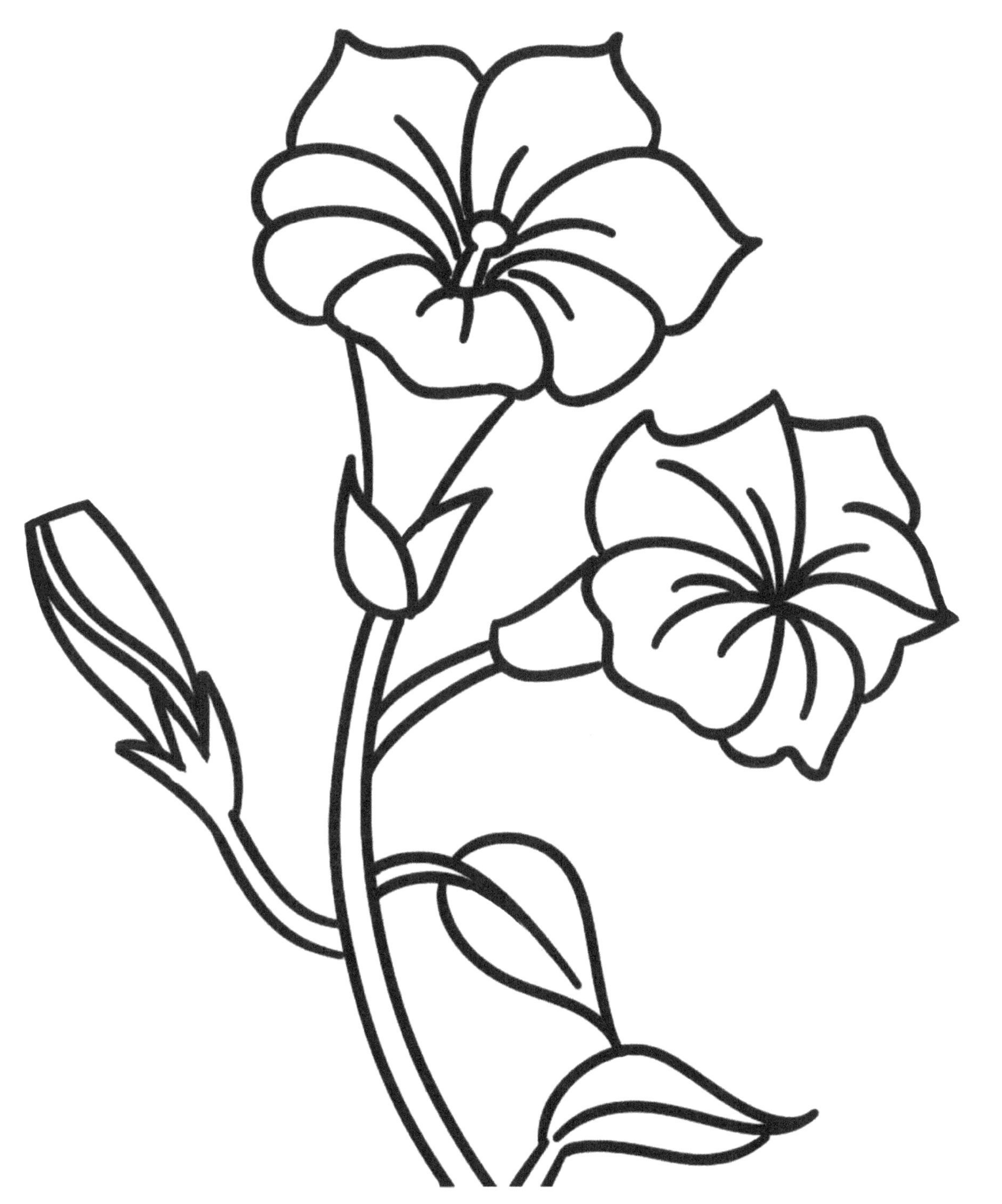

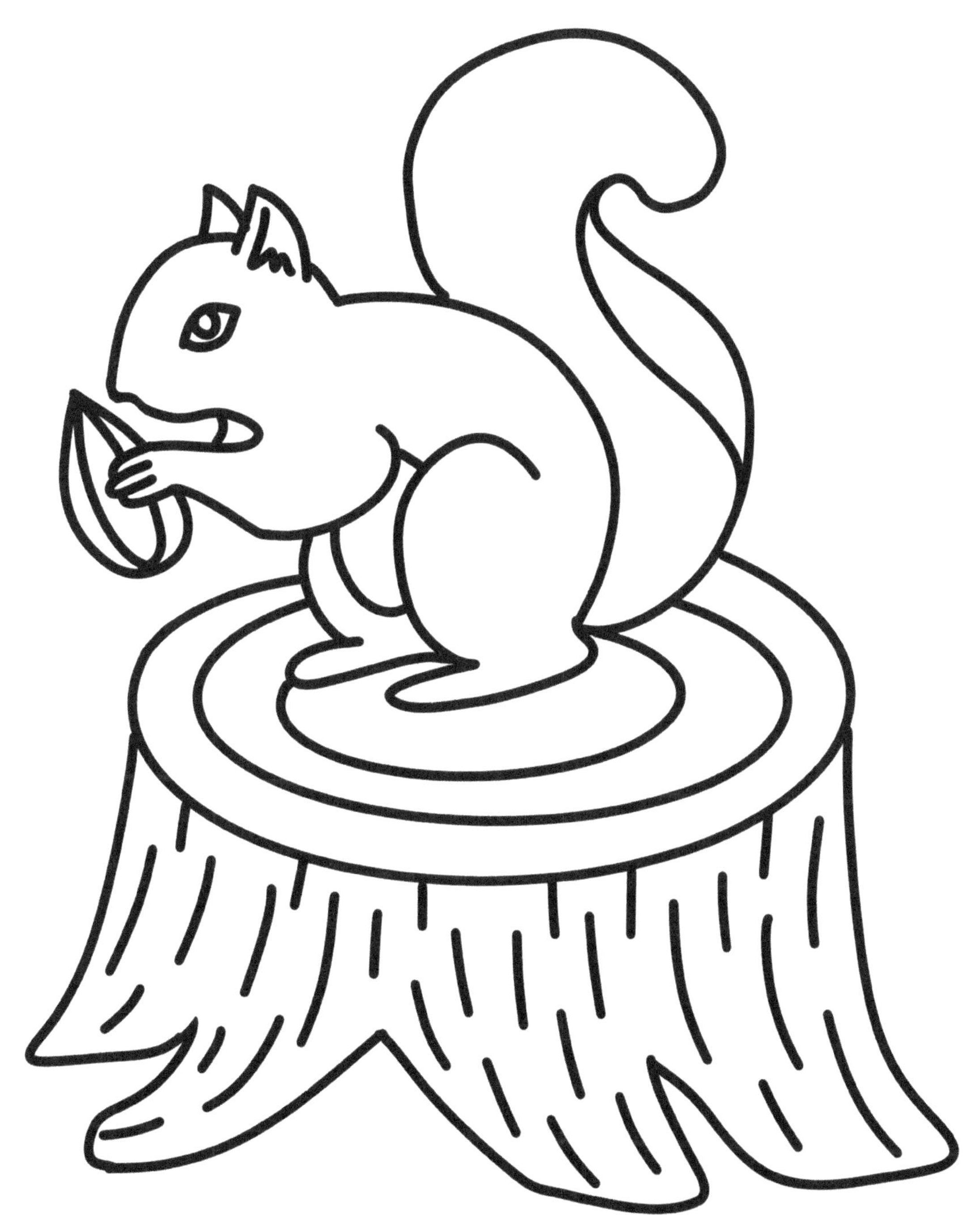

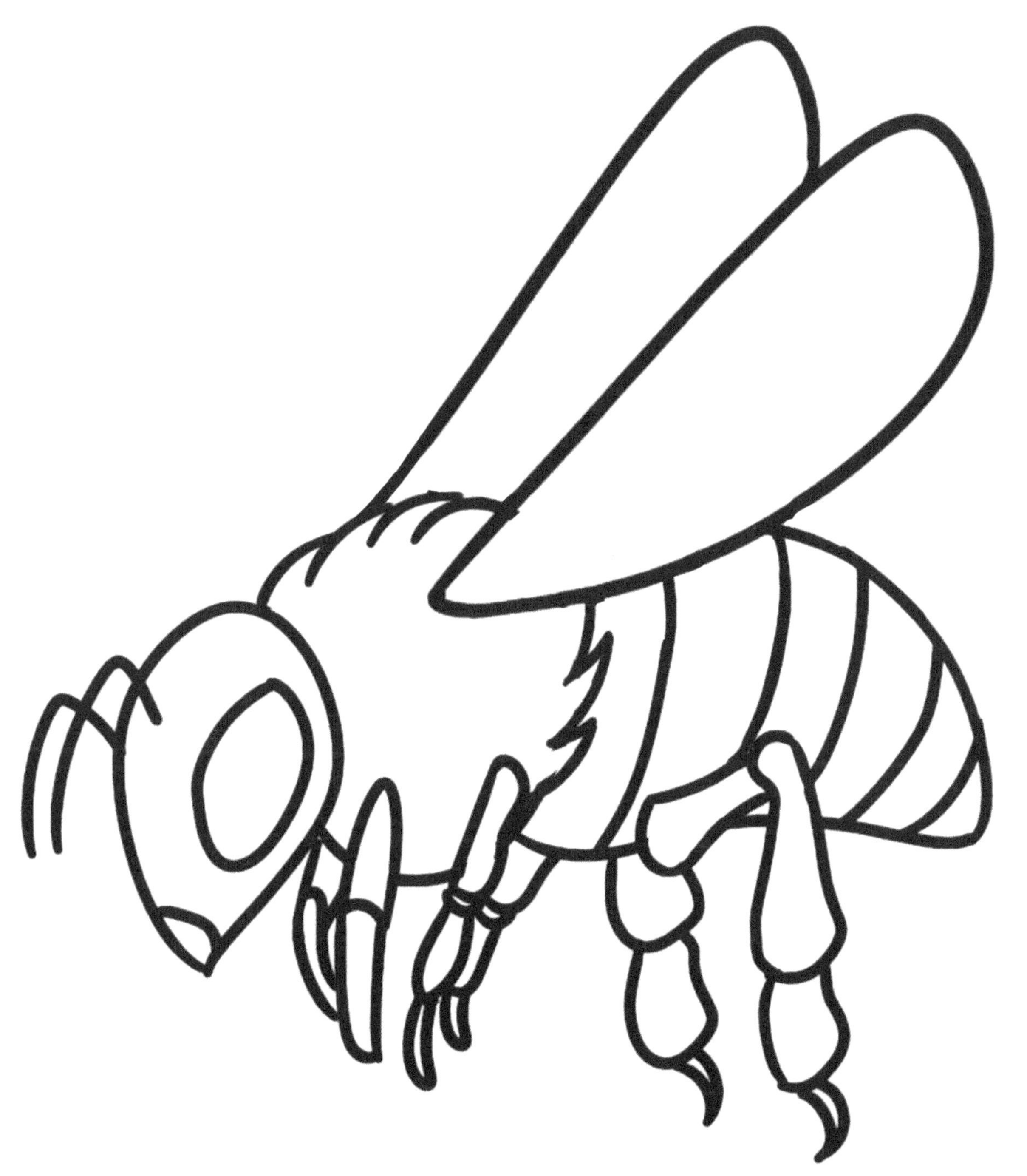

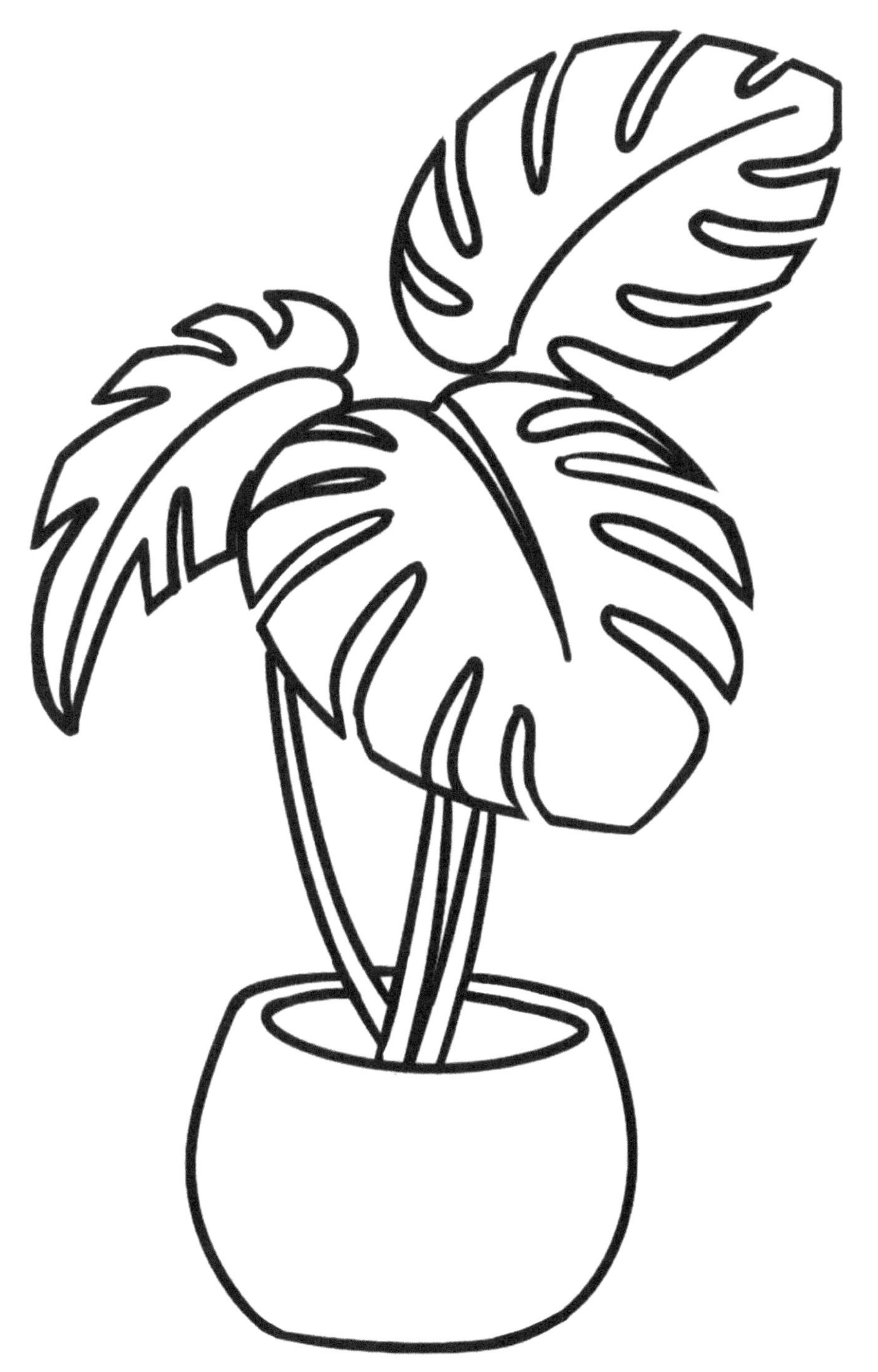

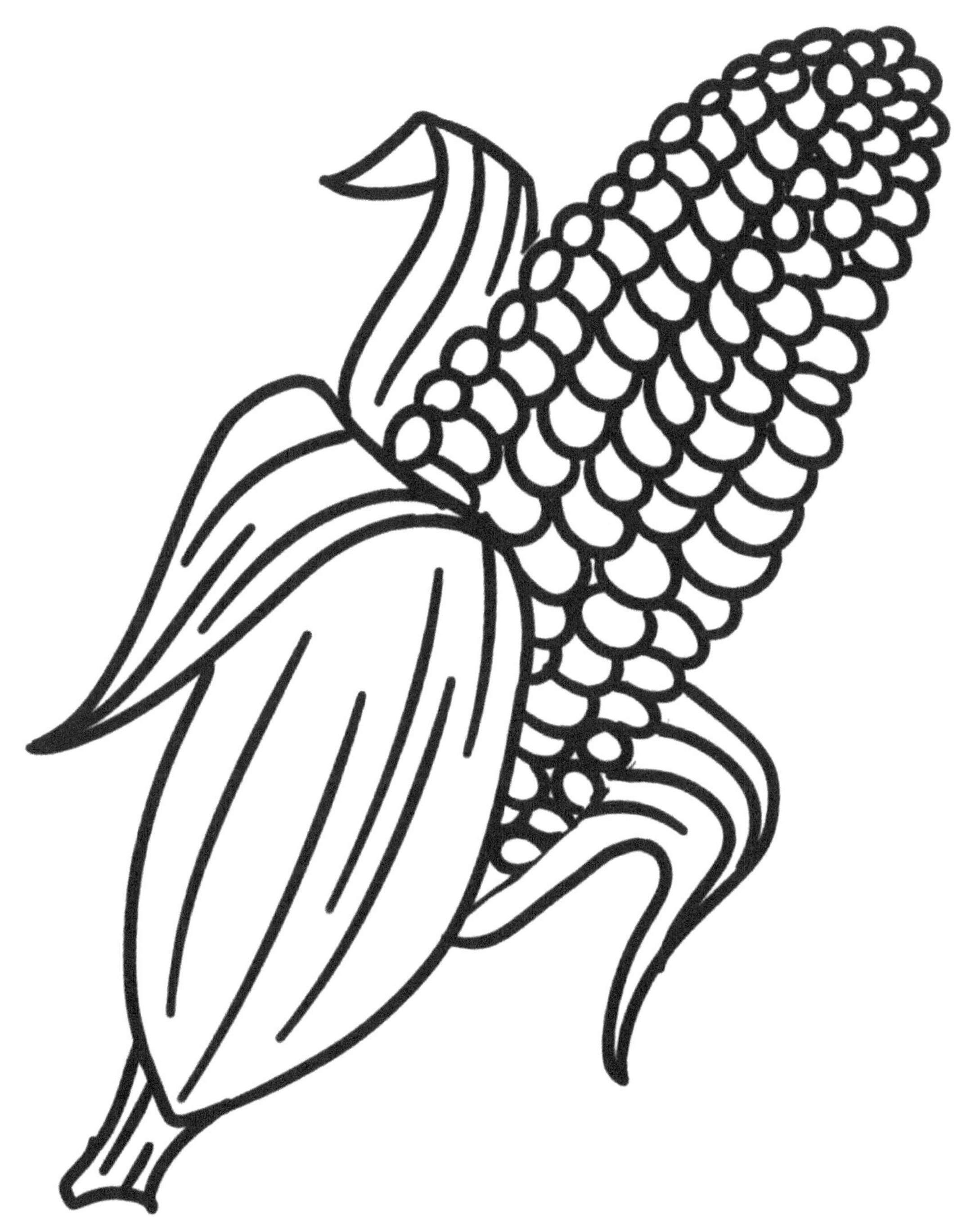

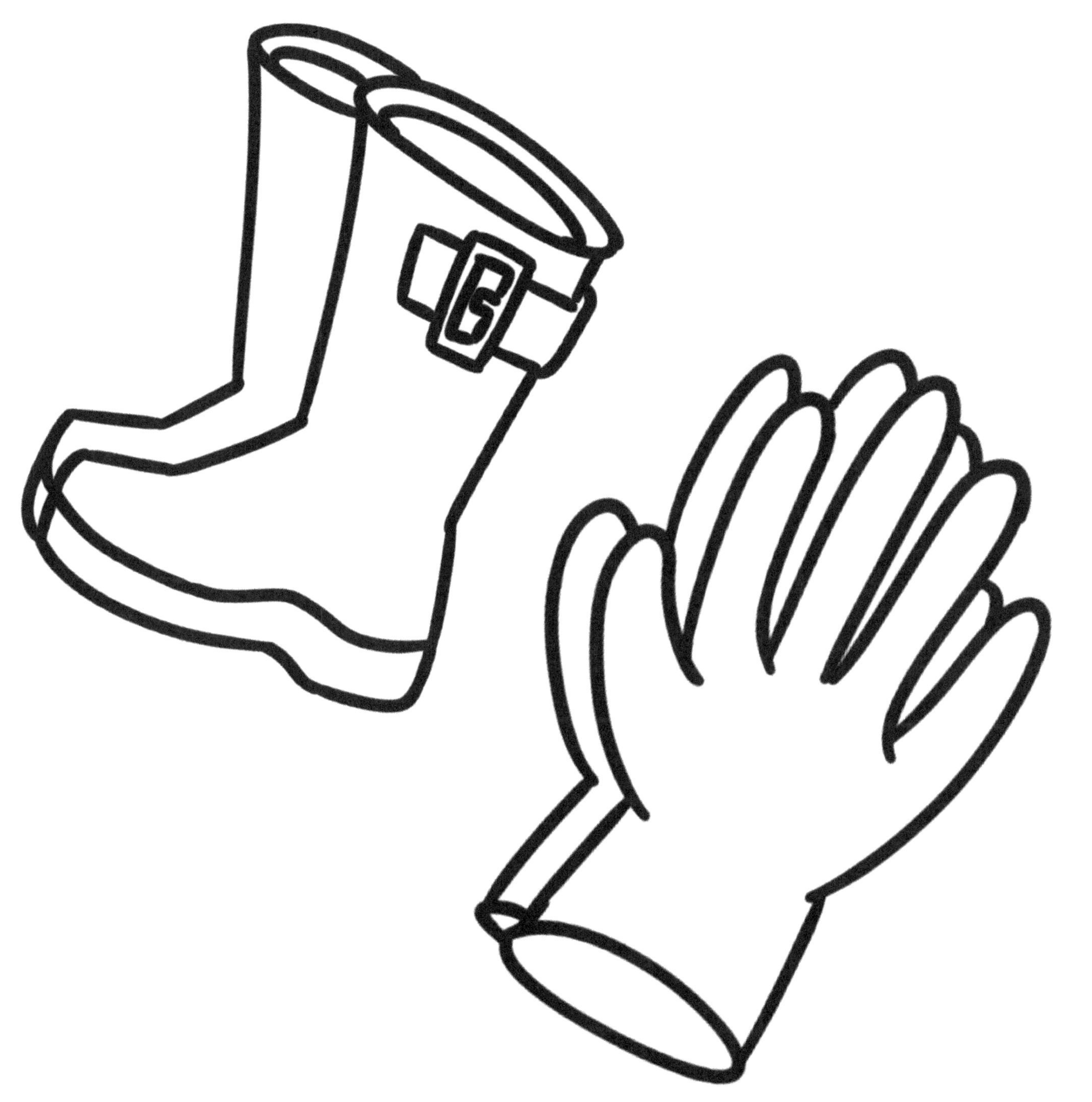

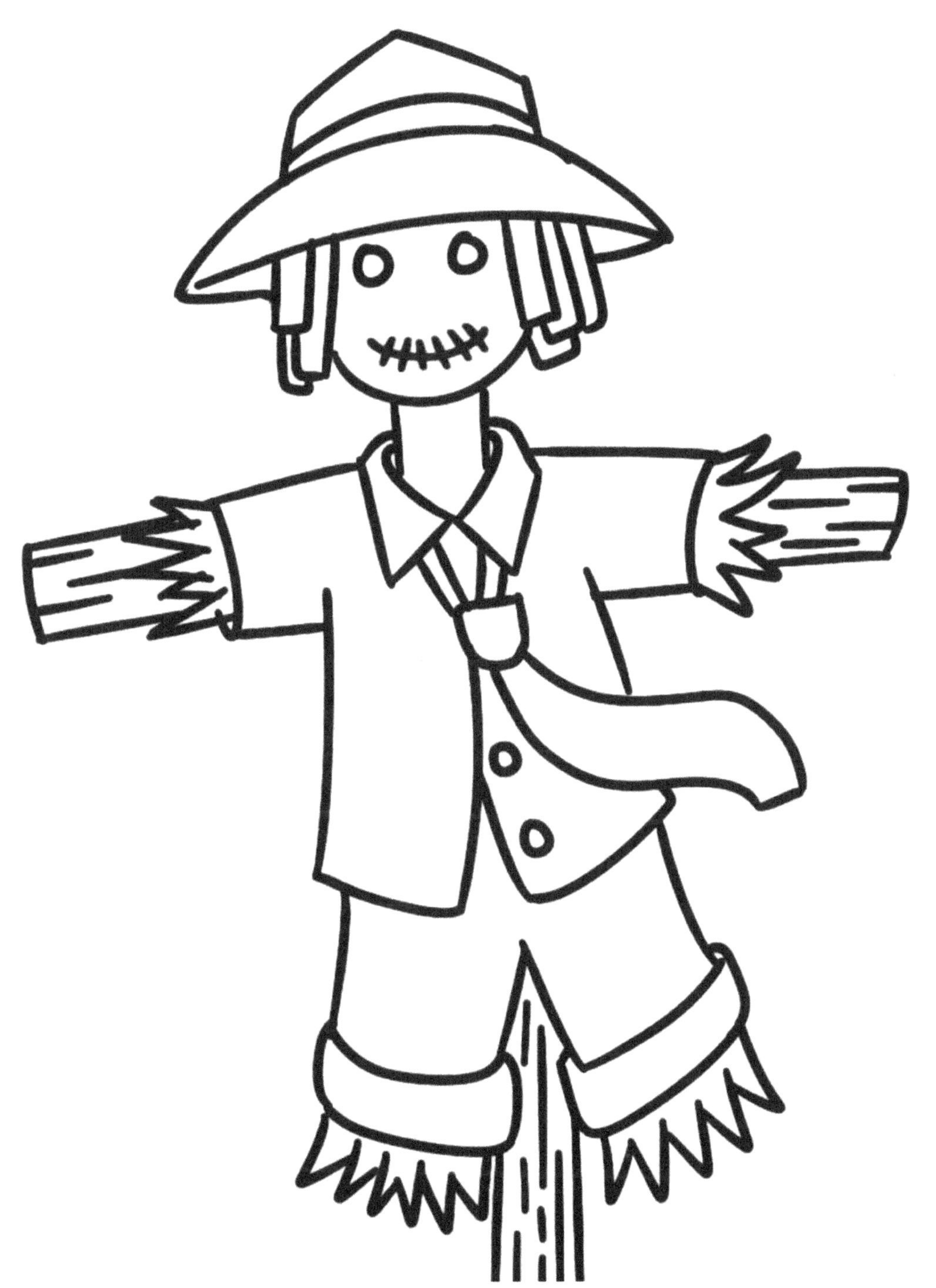

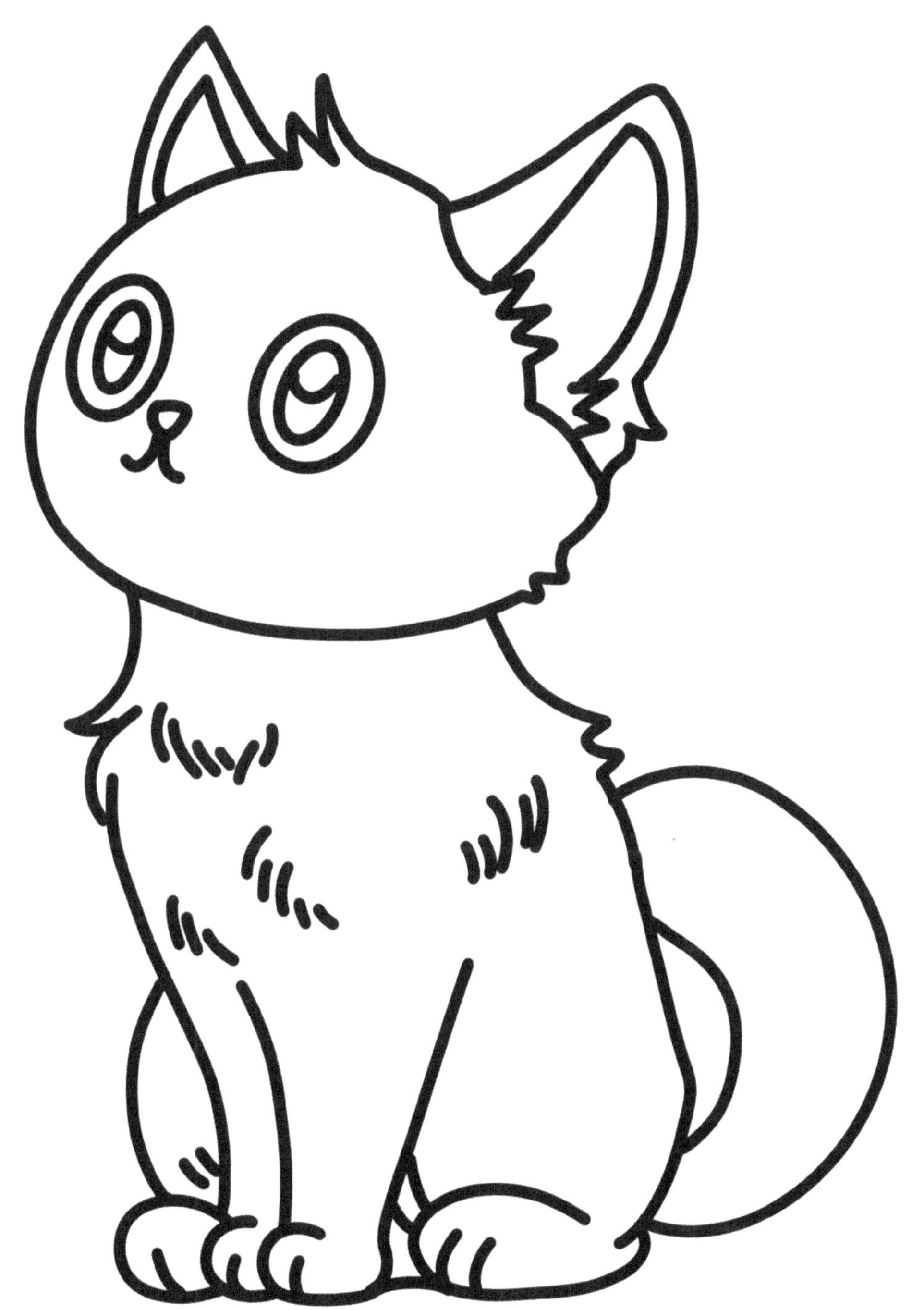

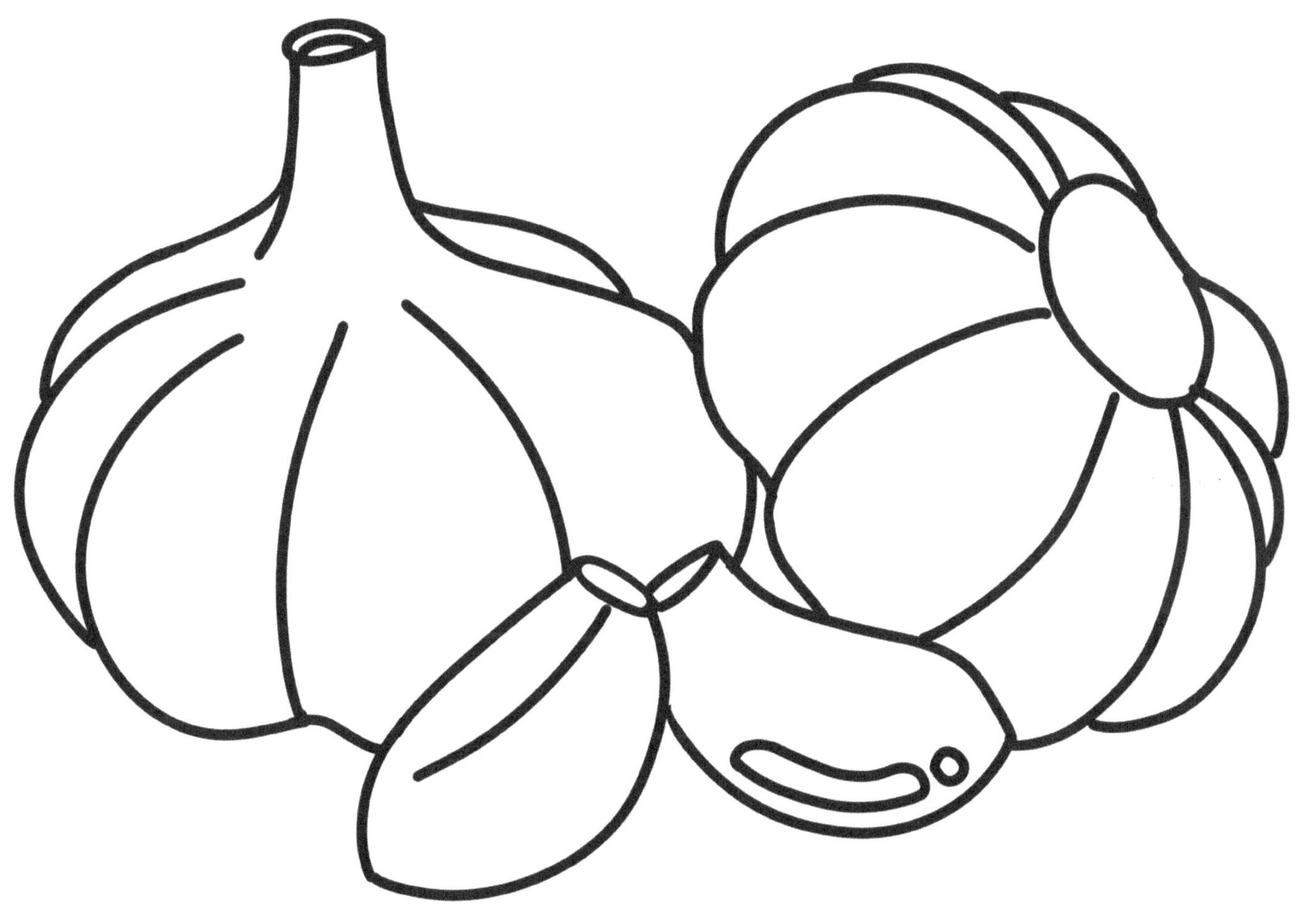

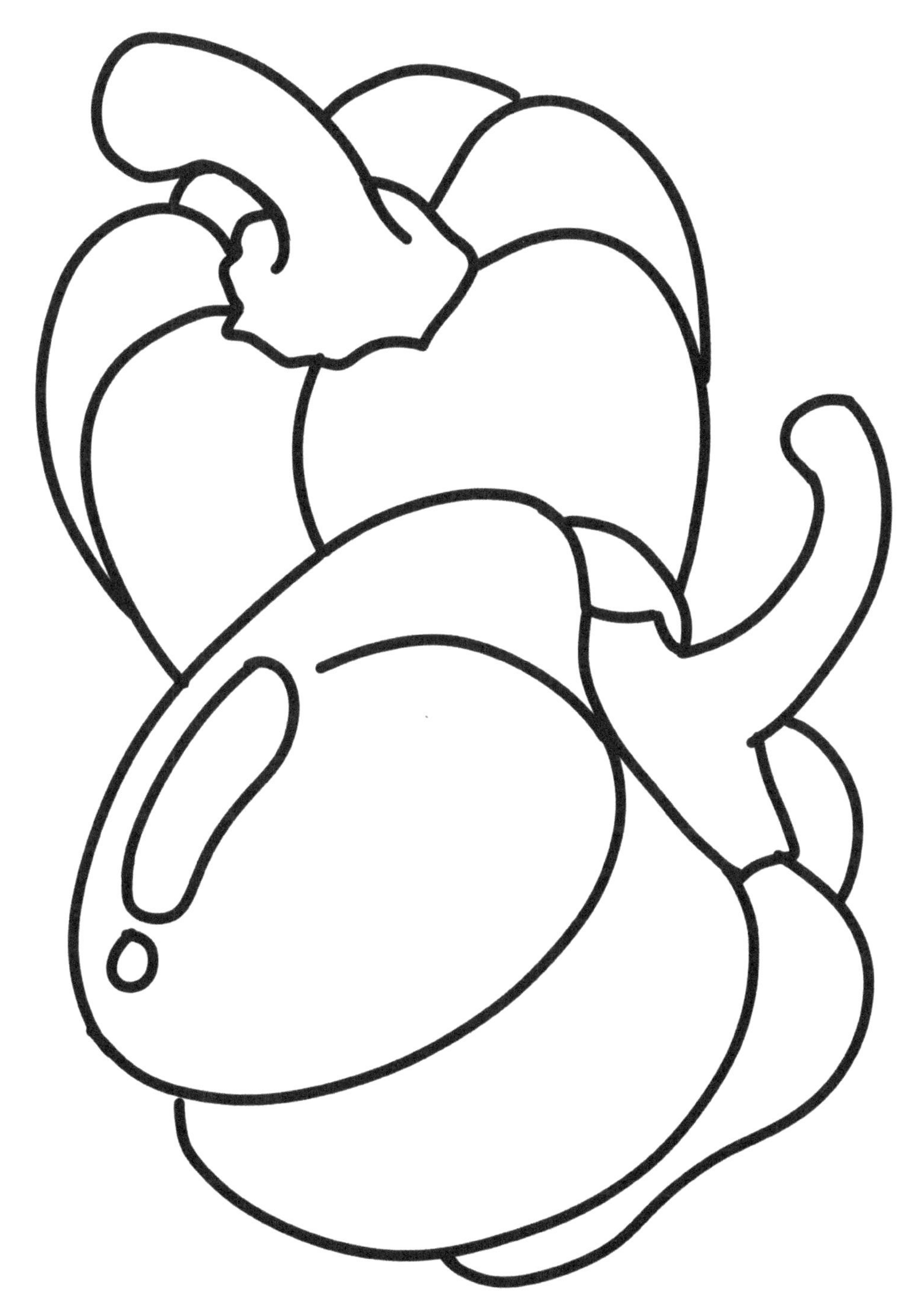

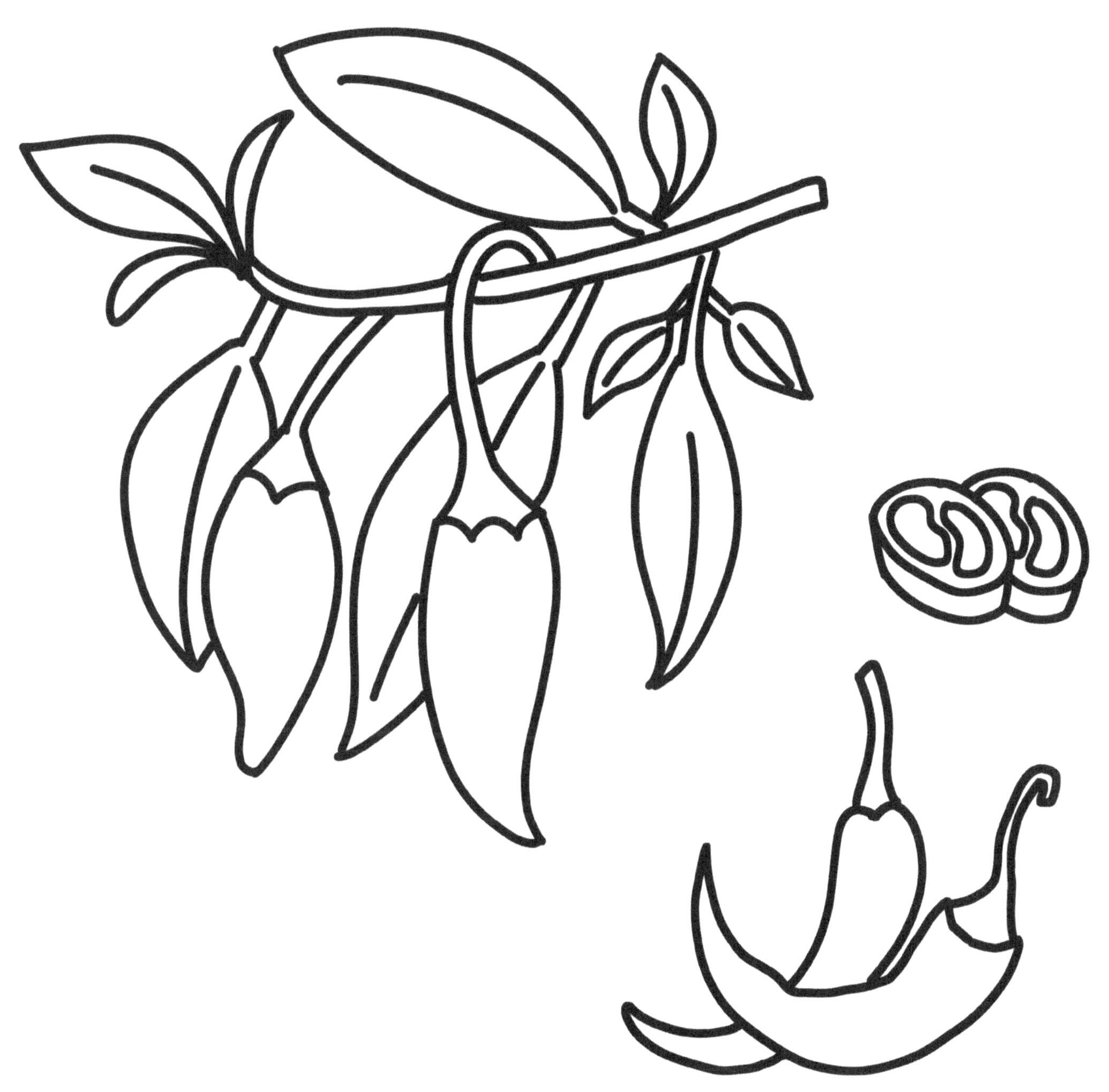

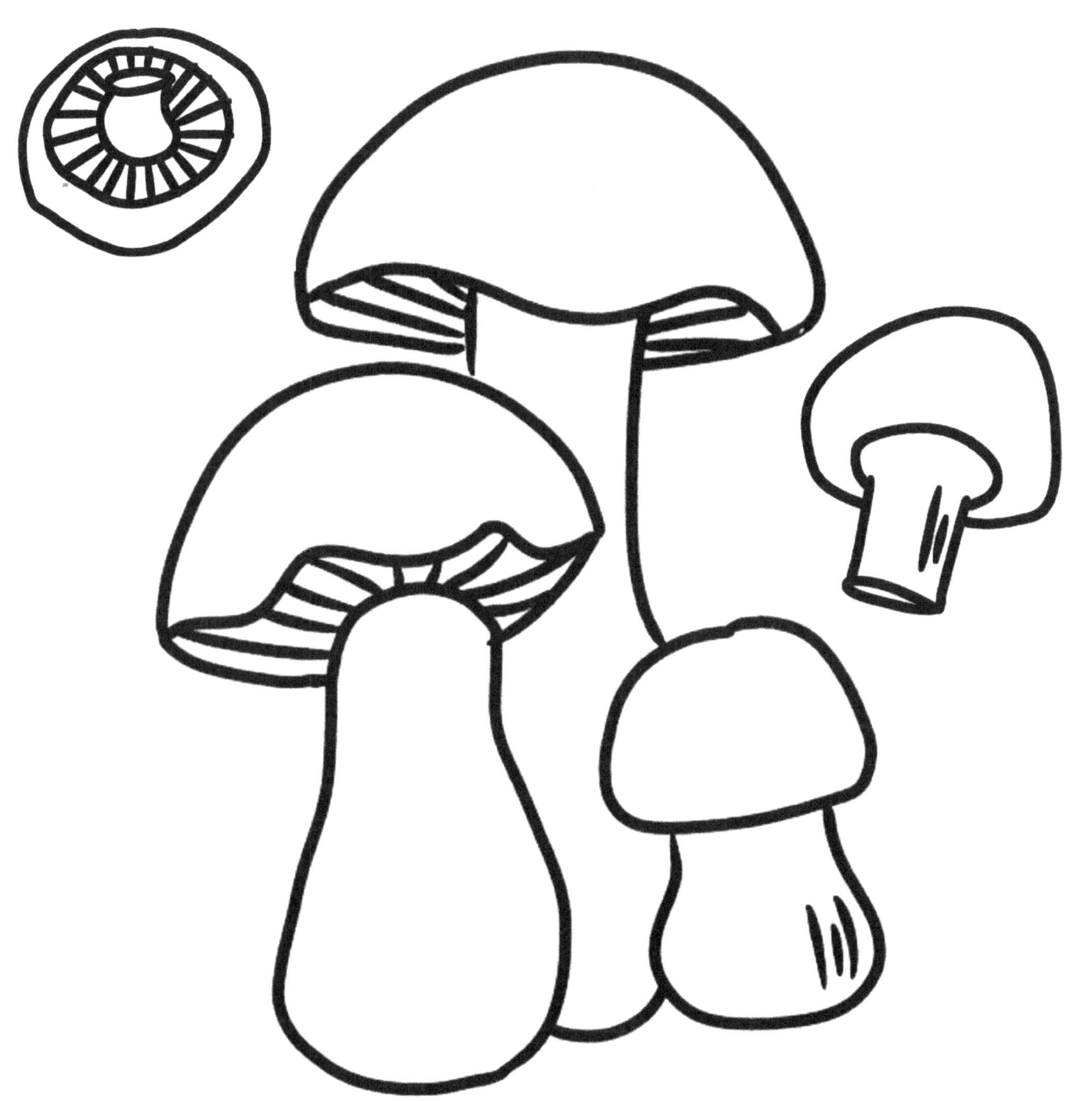

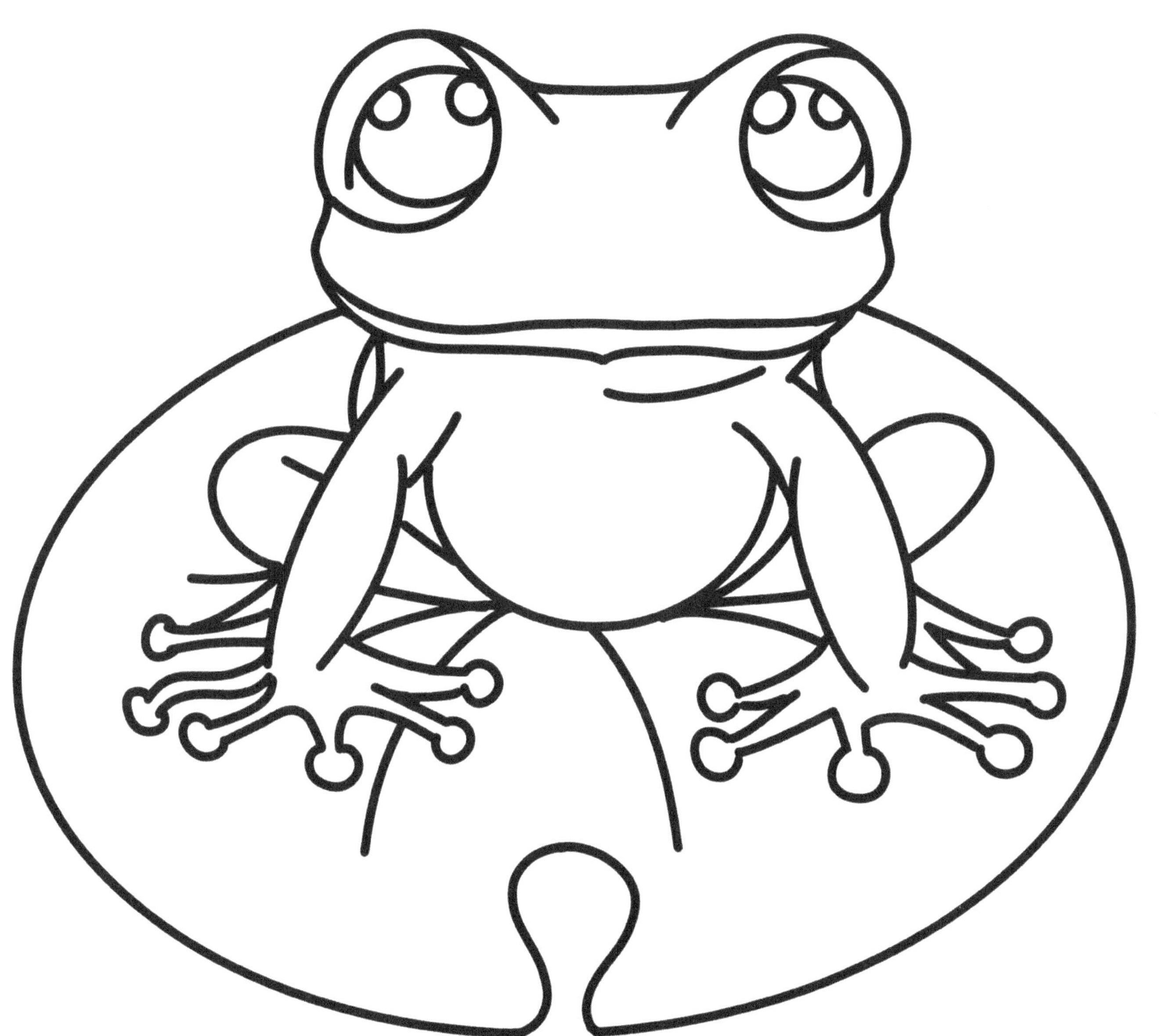

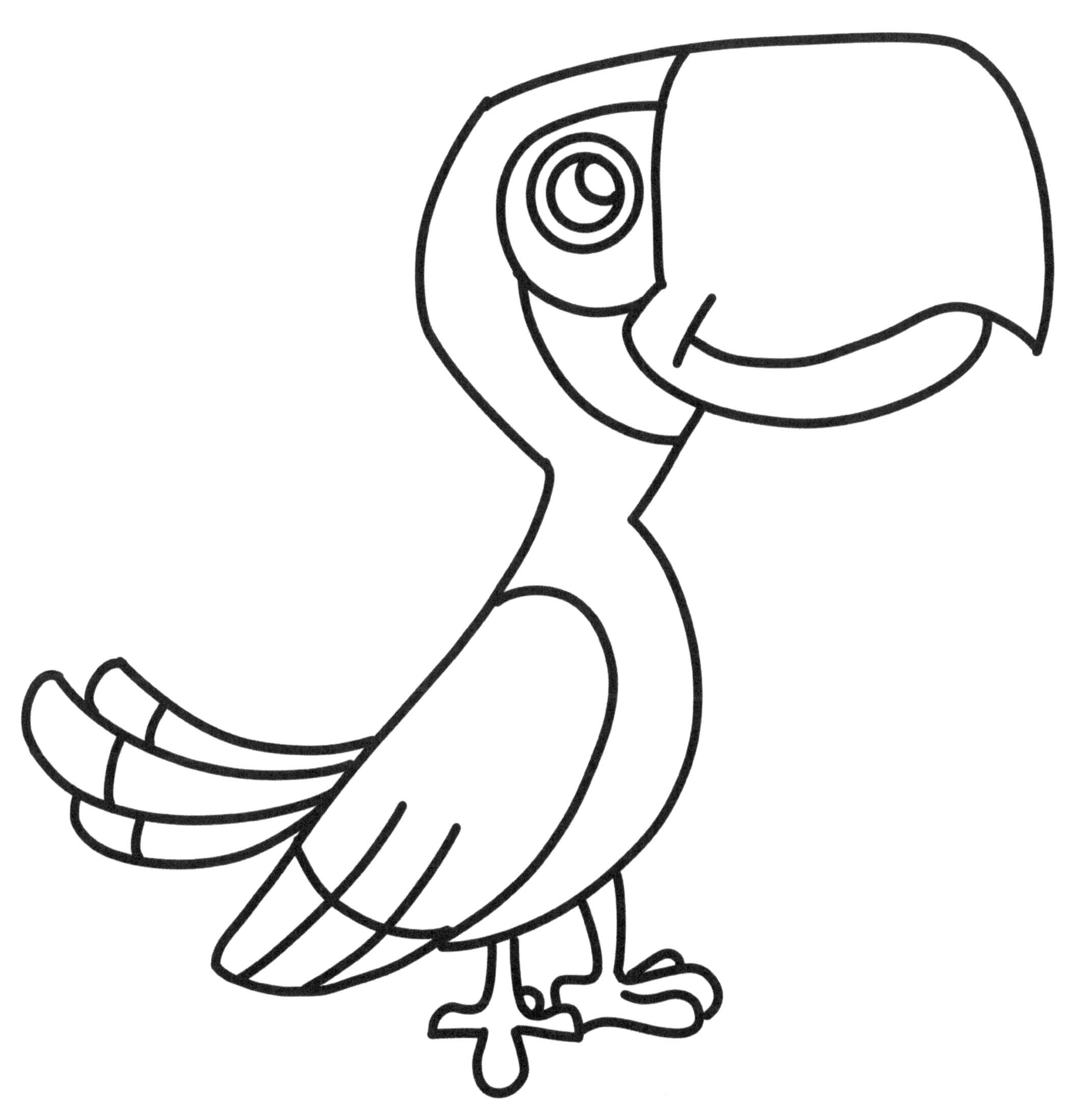

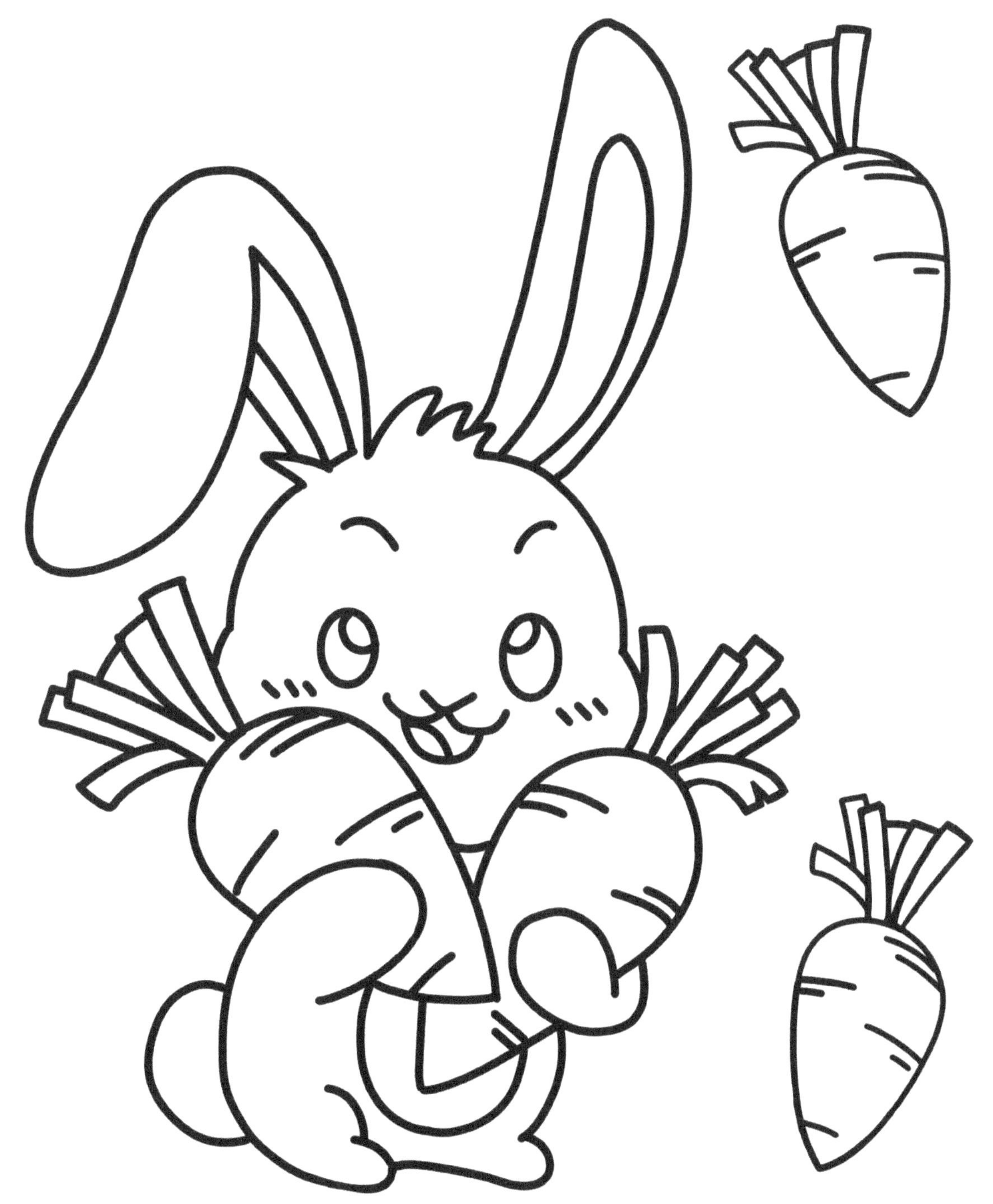

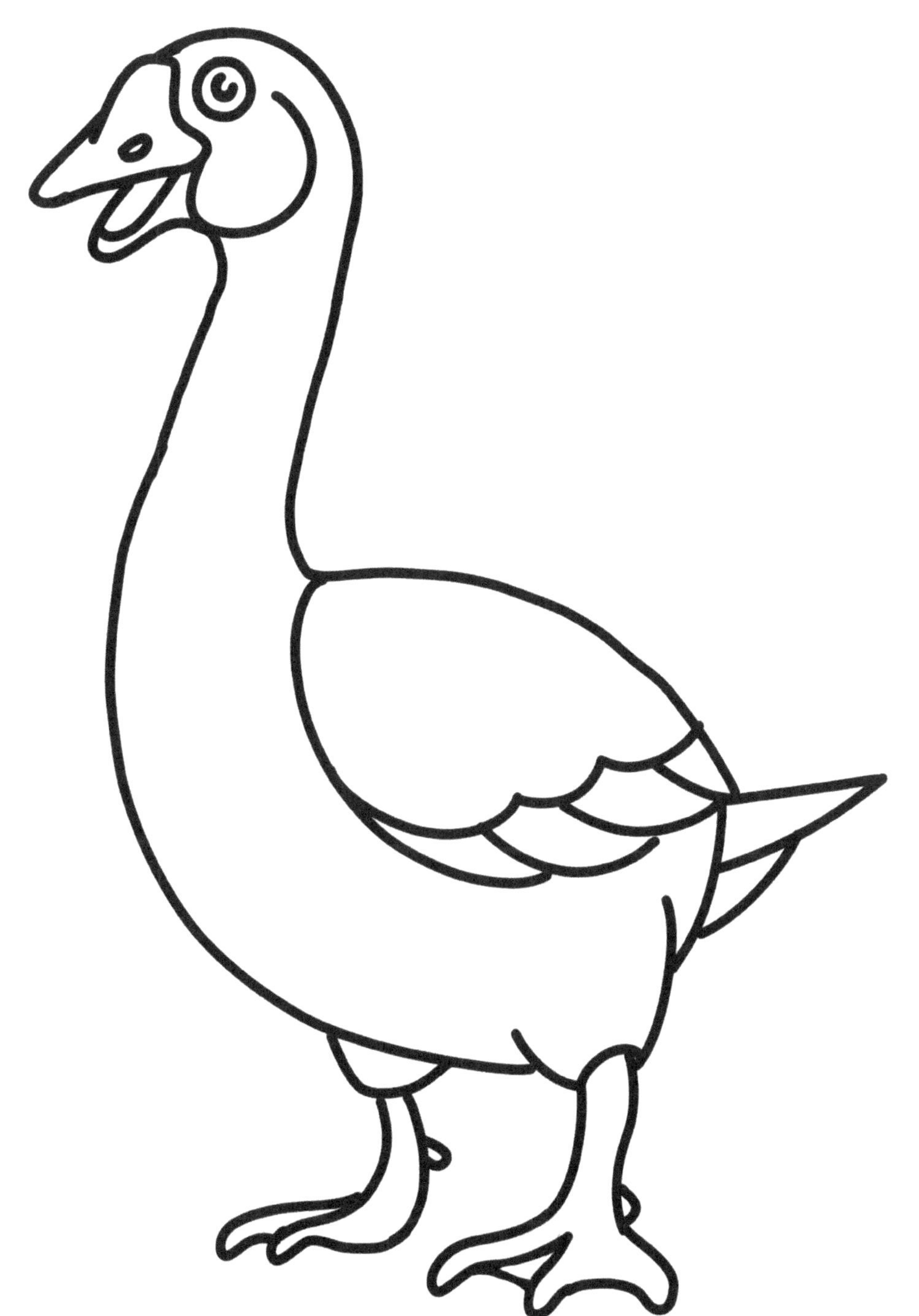

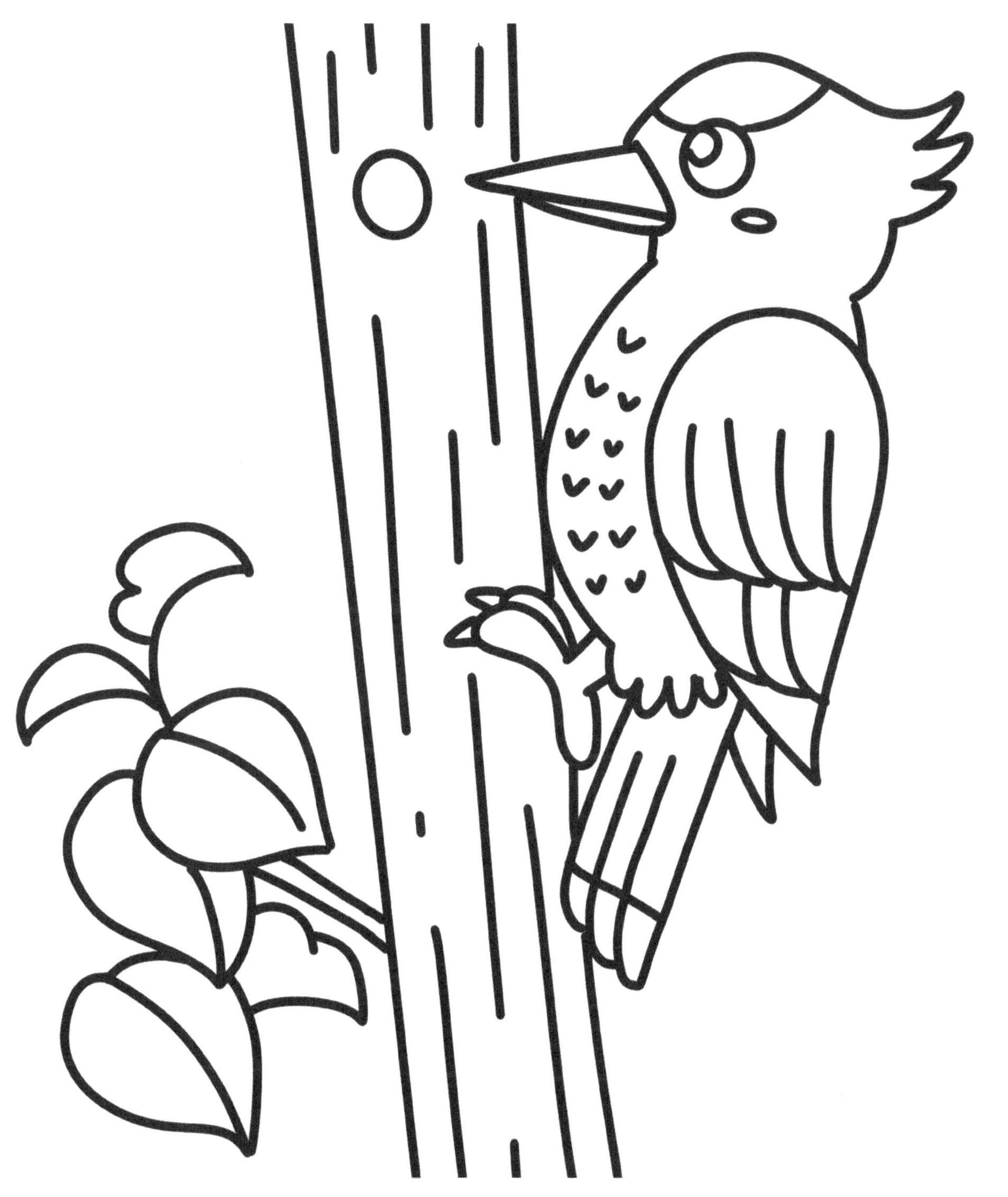

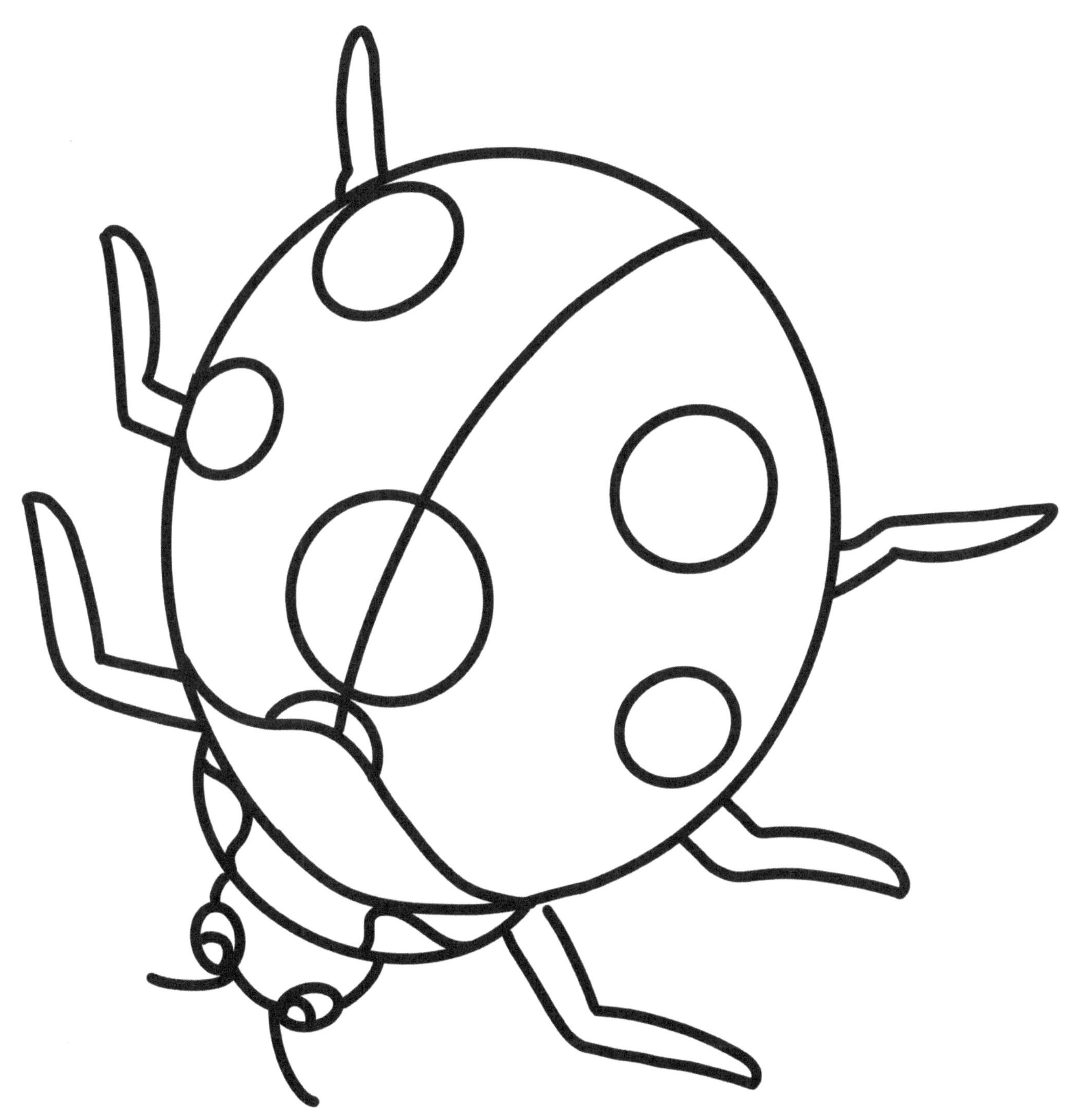

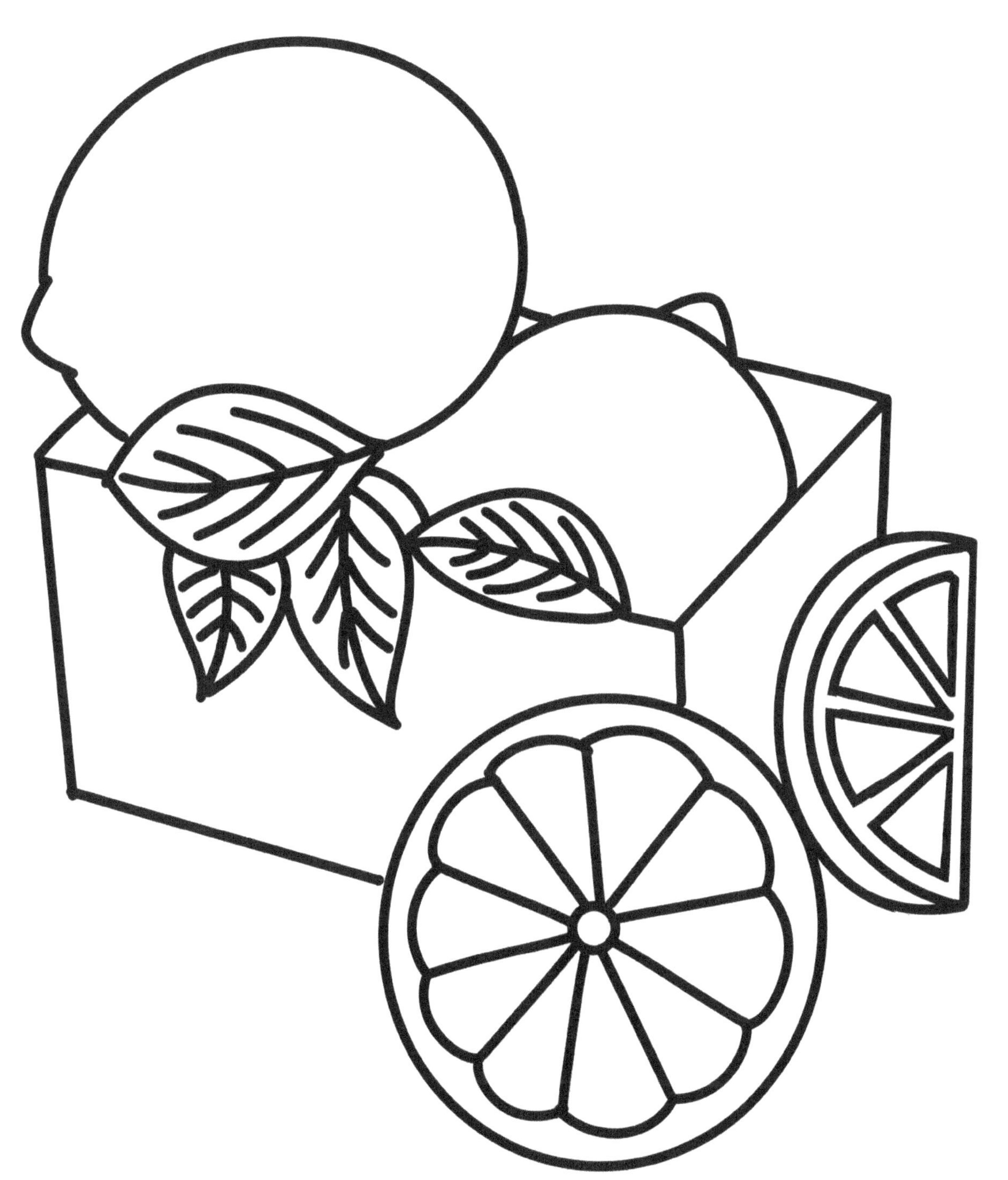

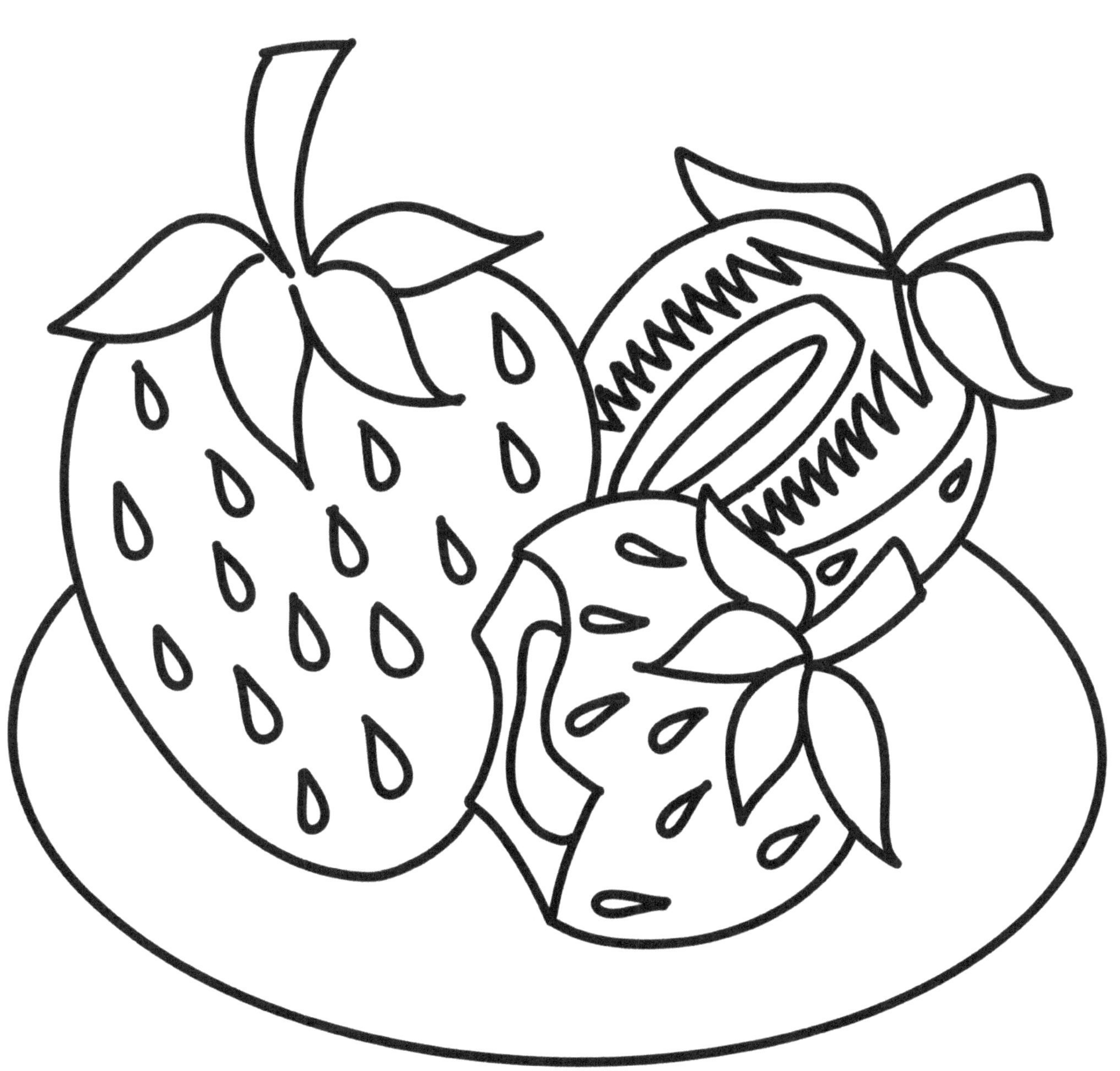

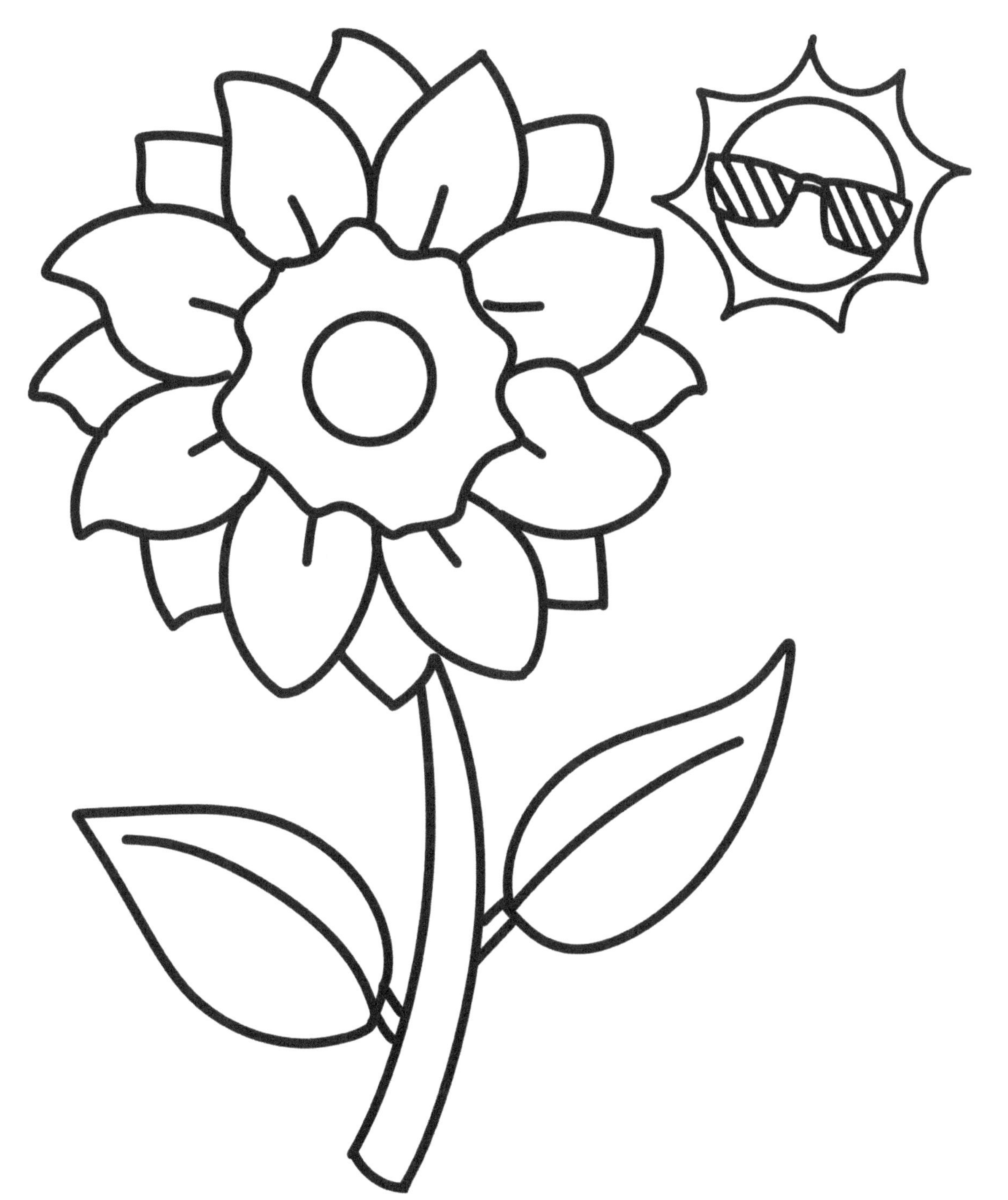

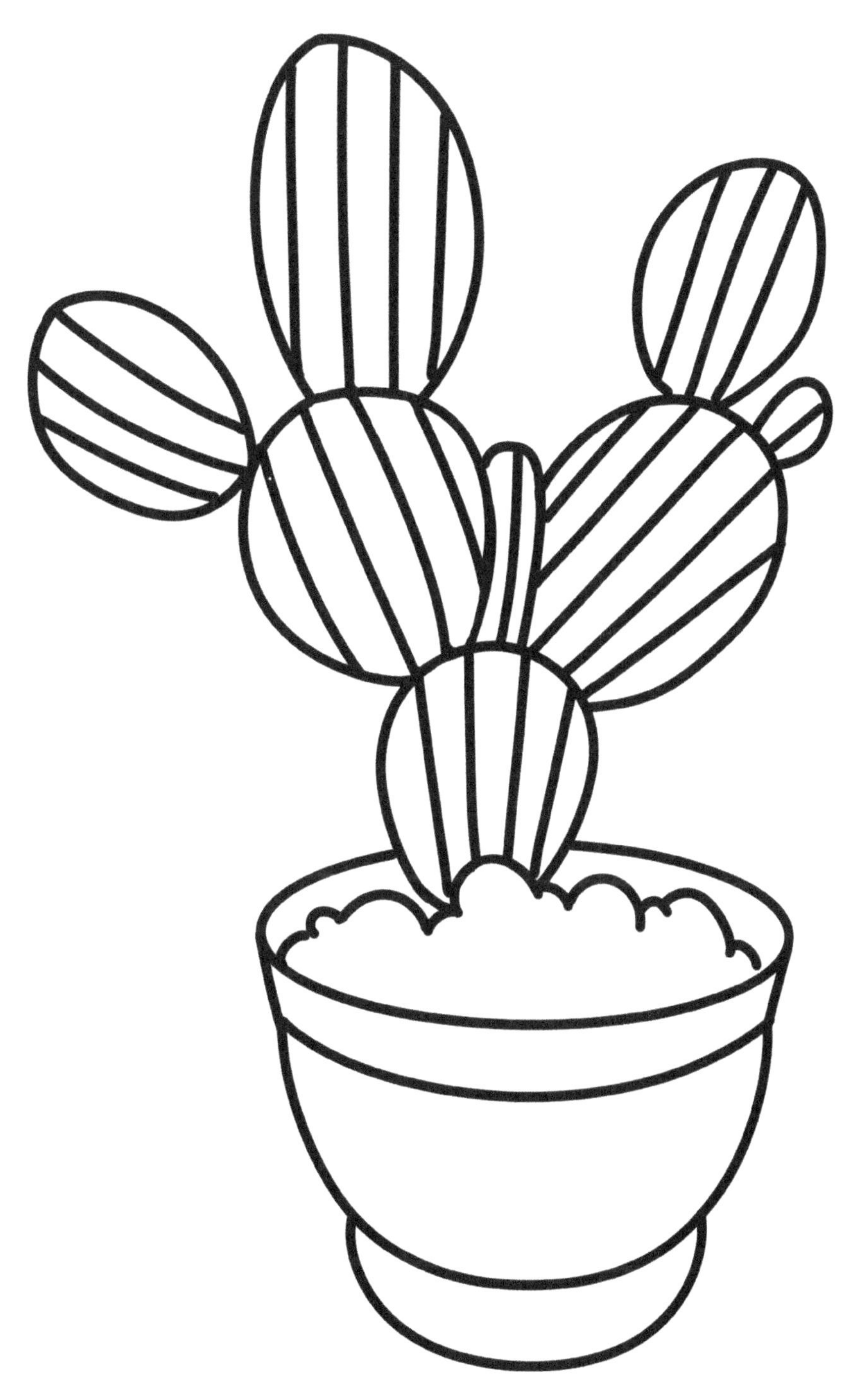

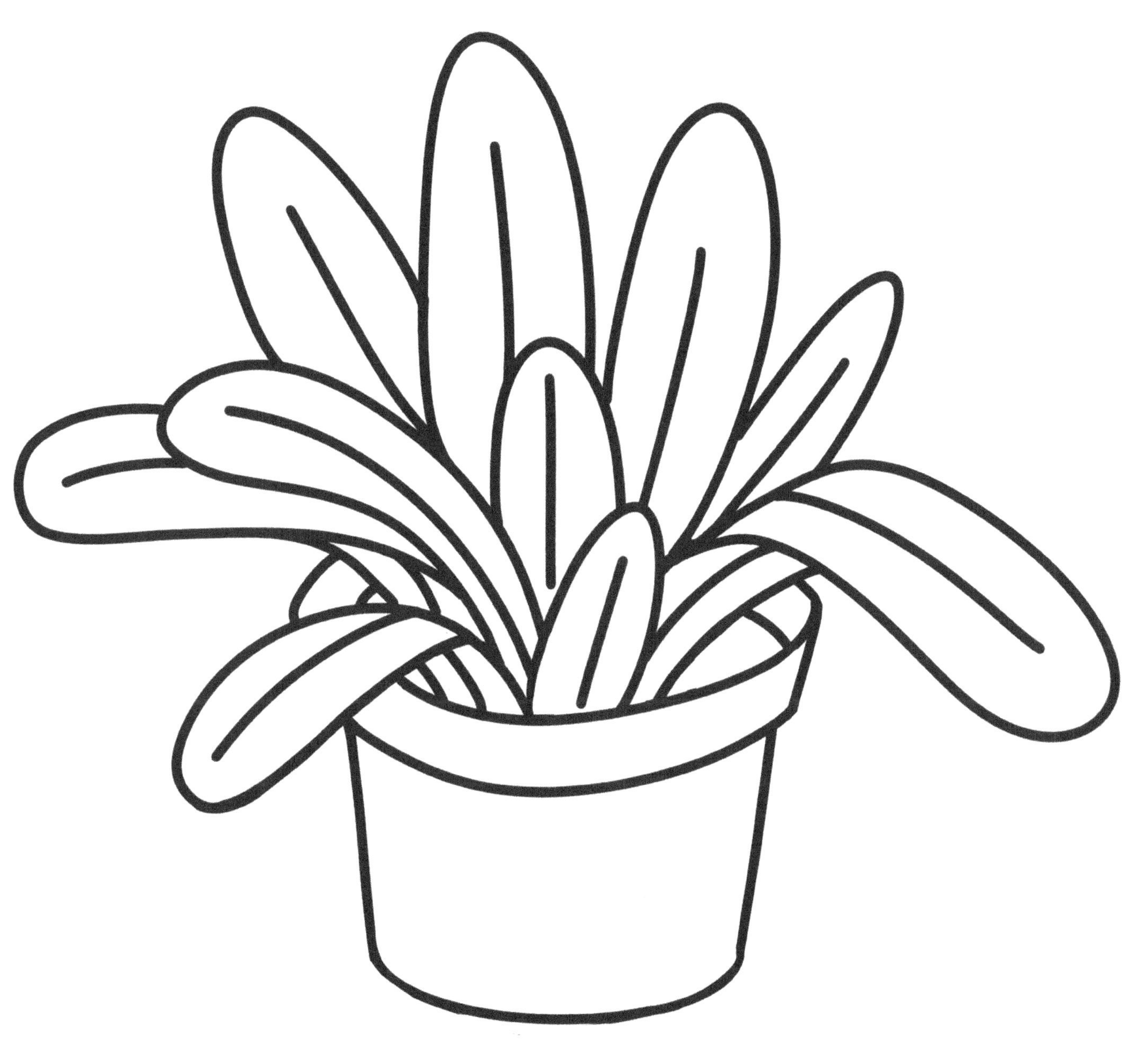

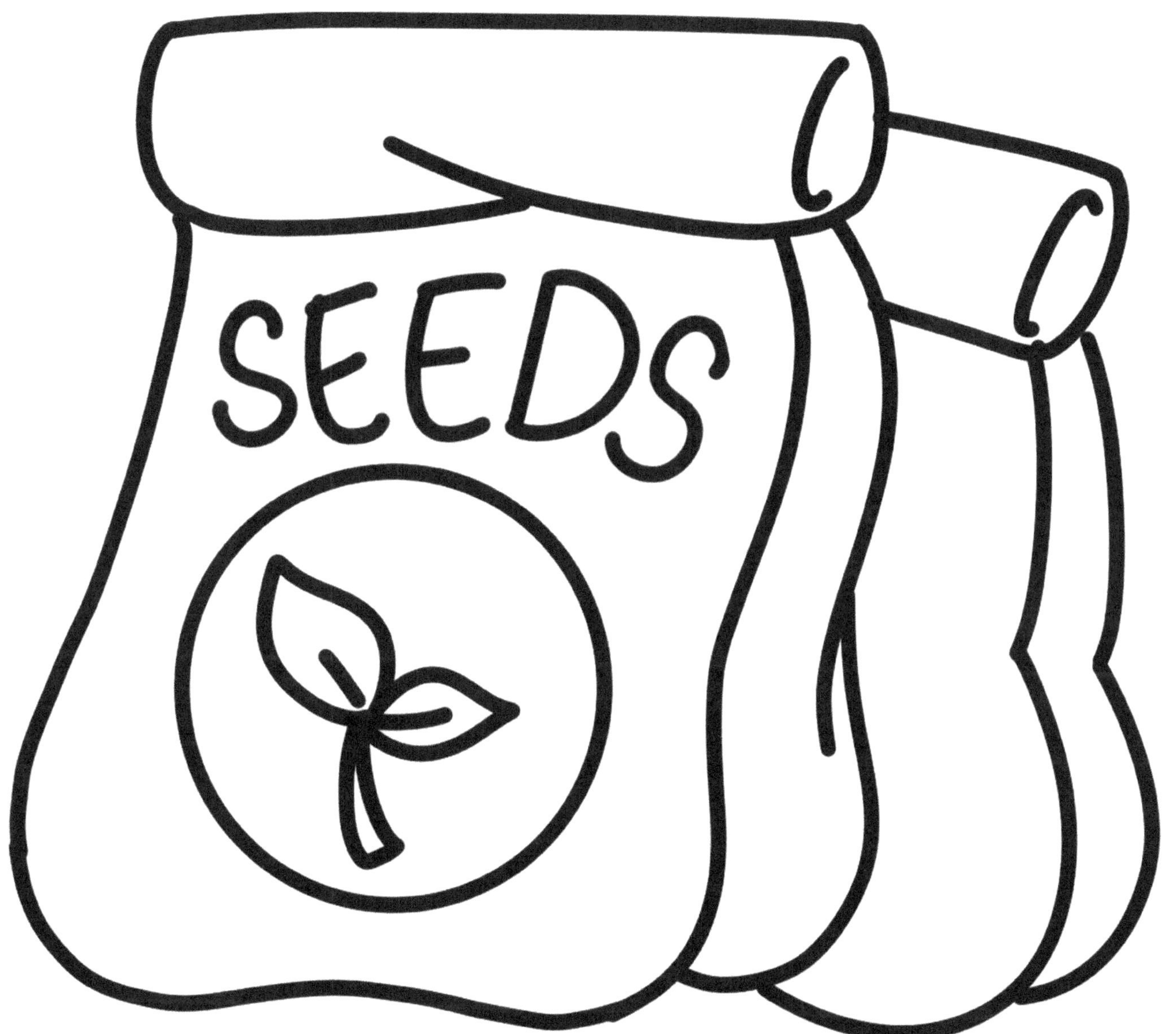
SEEDS

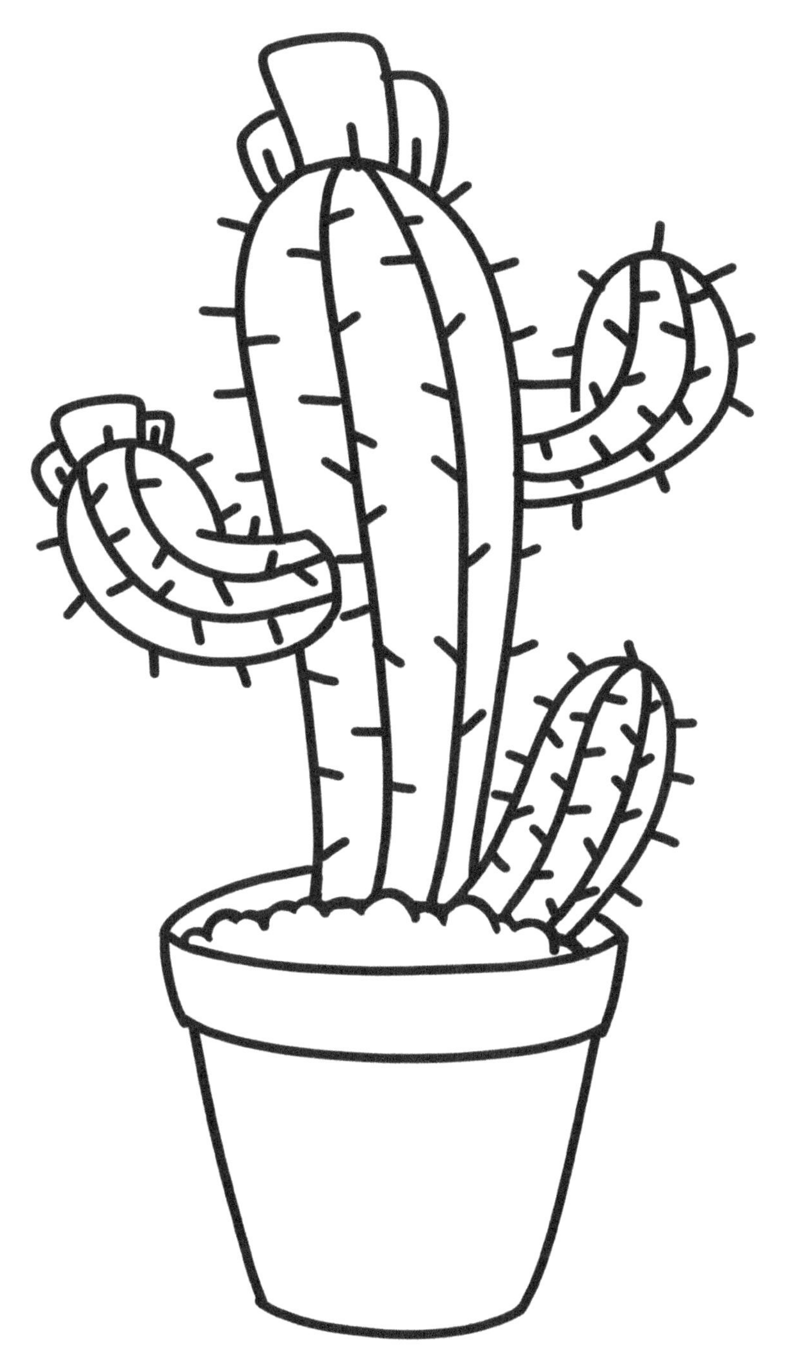

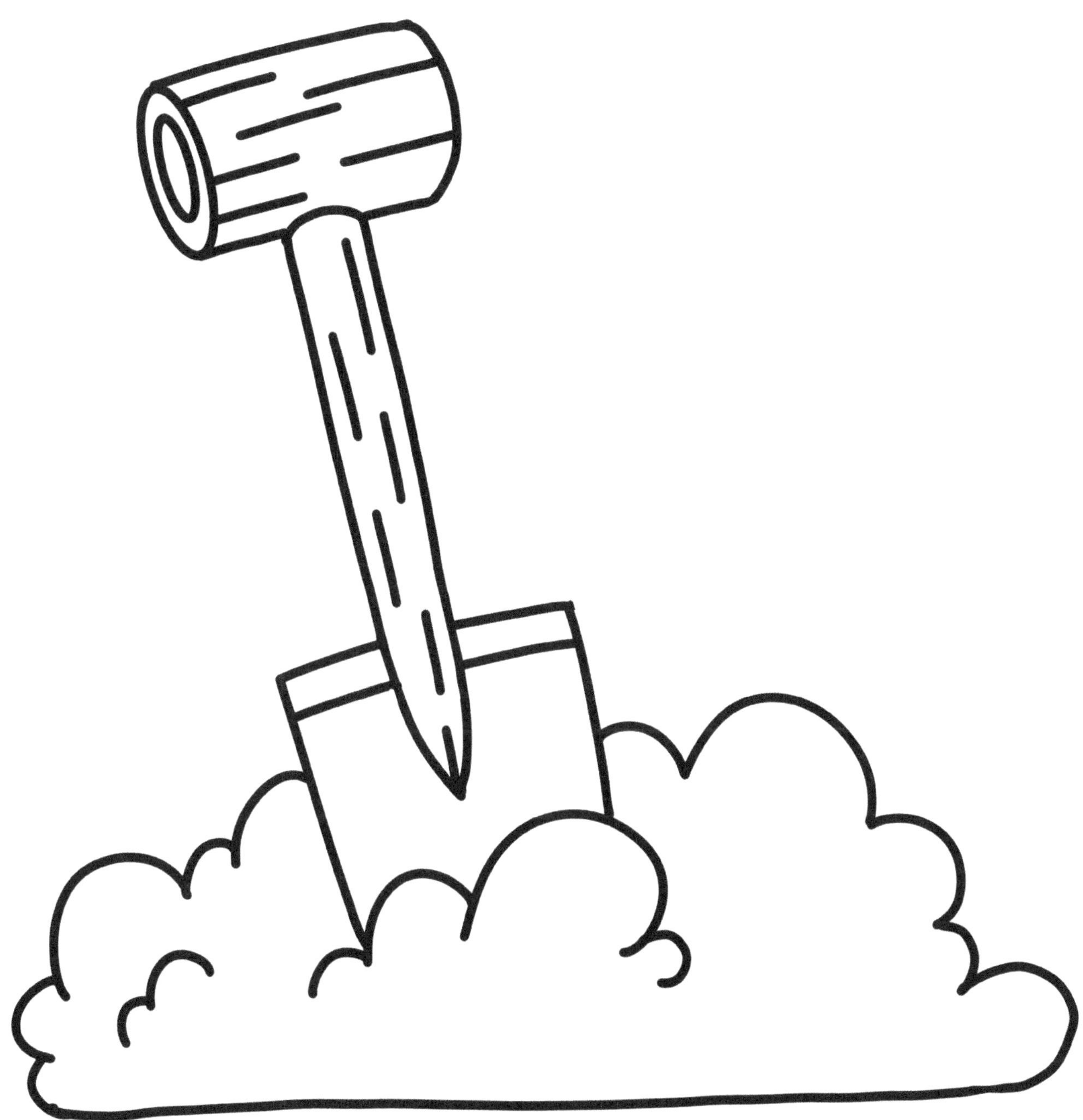

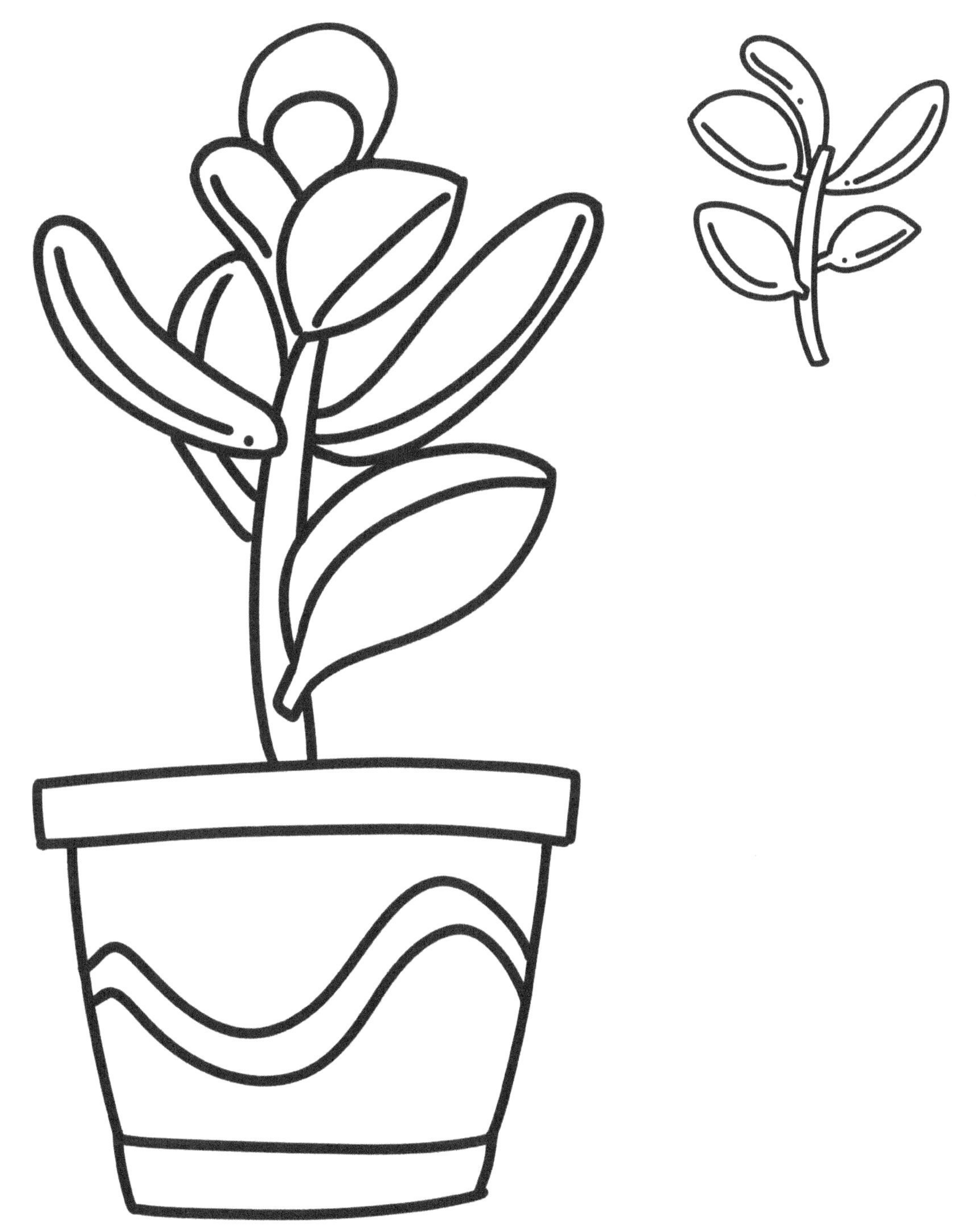

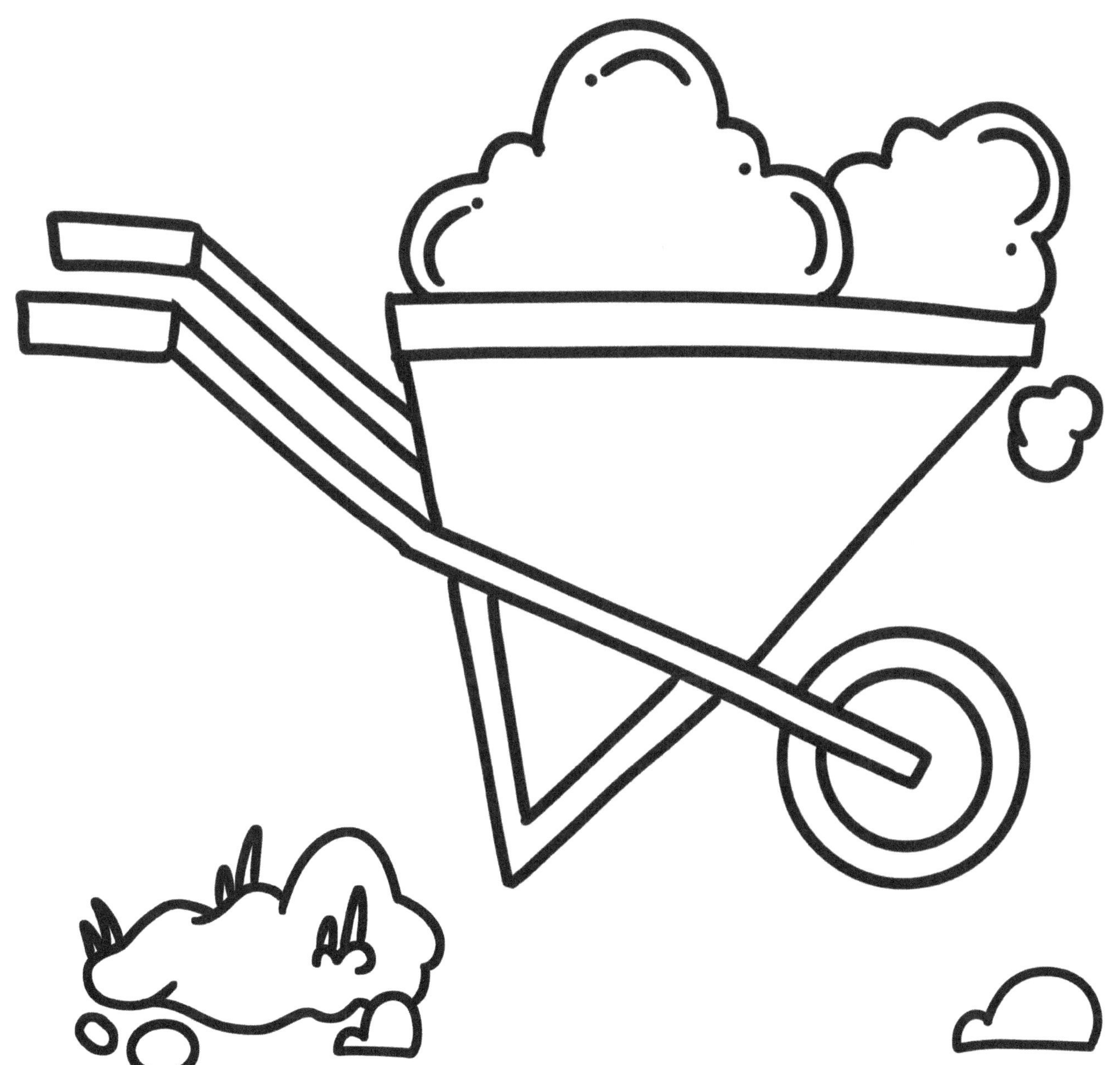

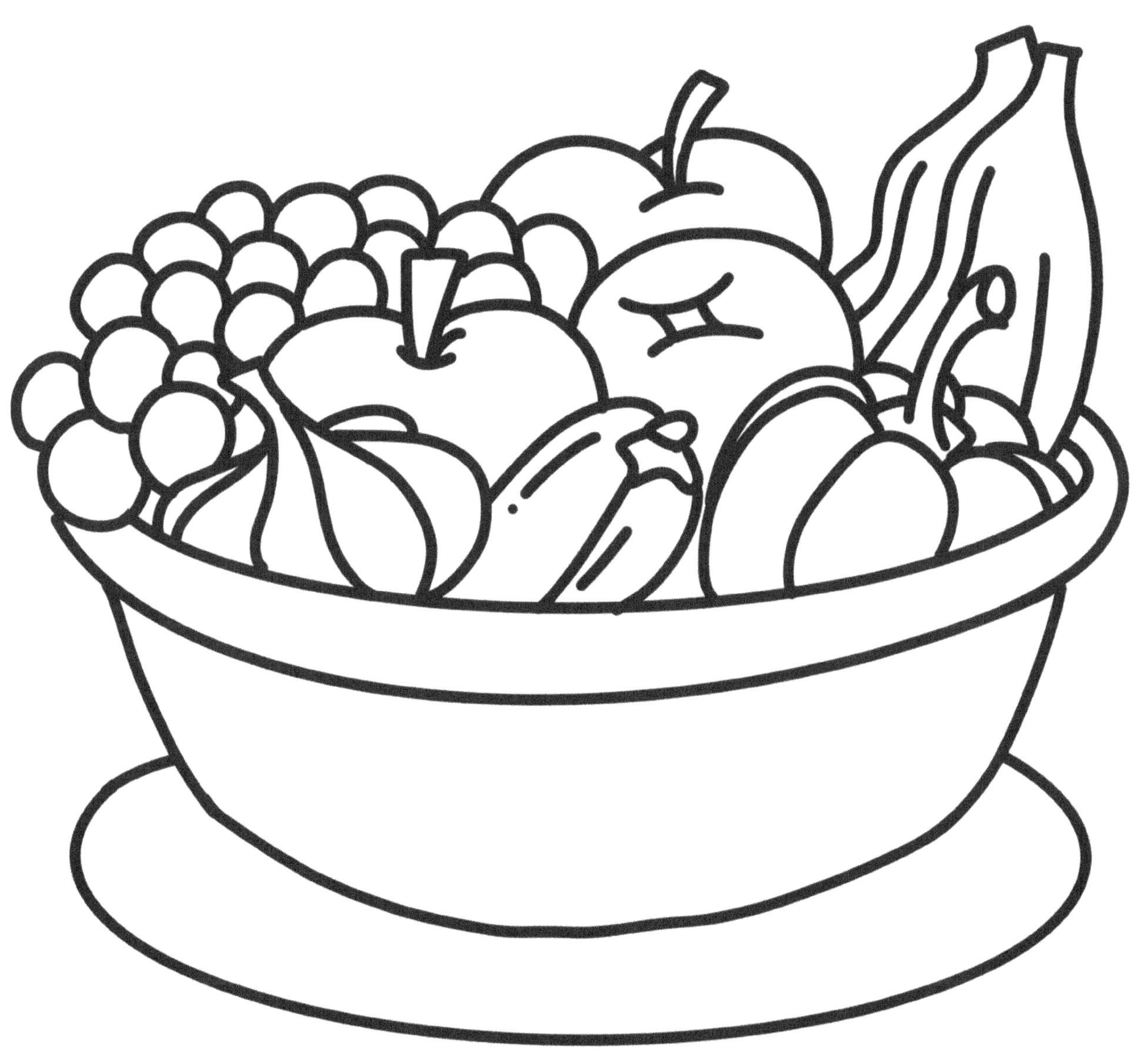

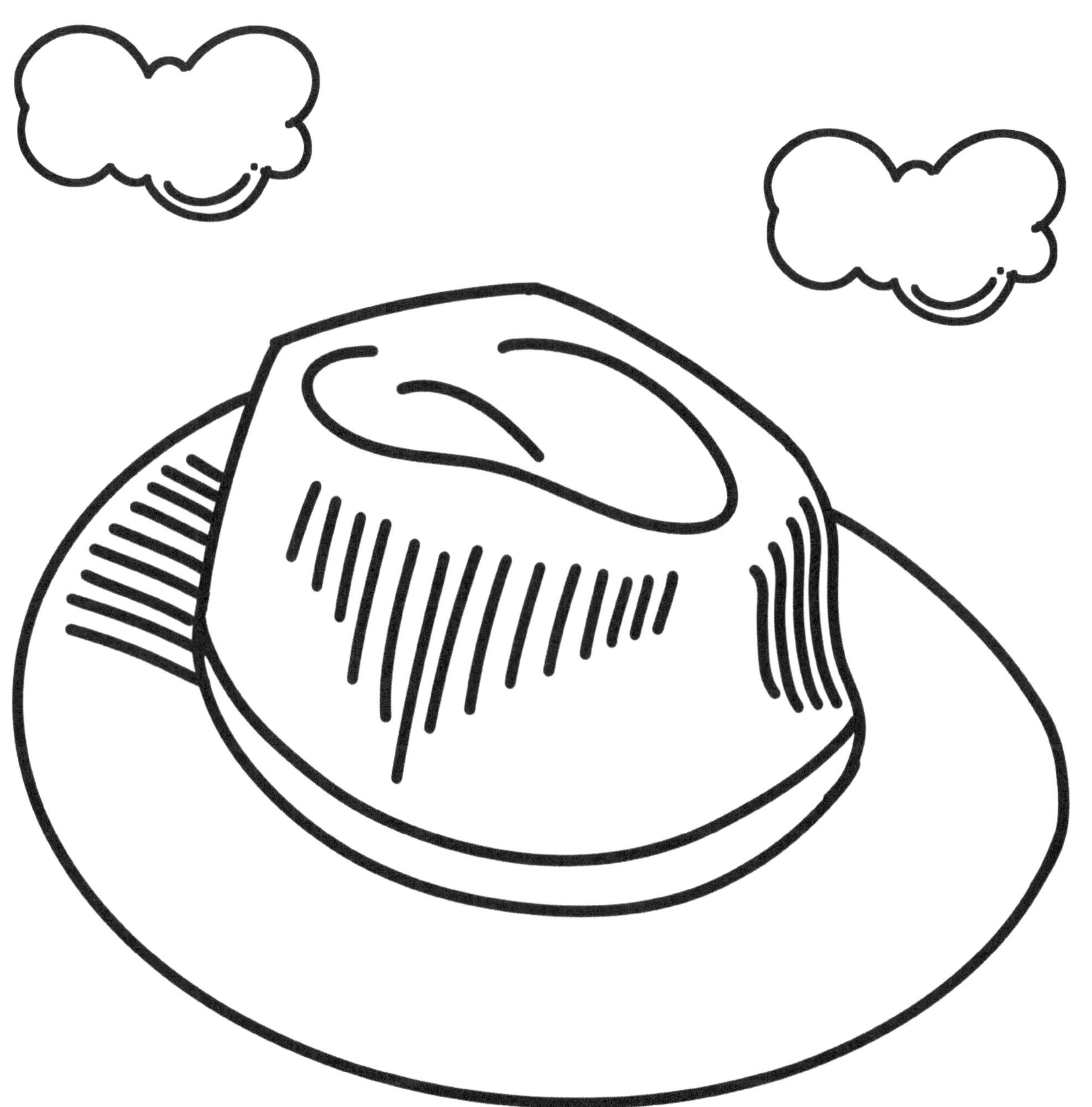

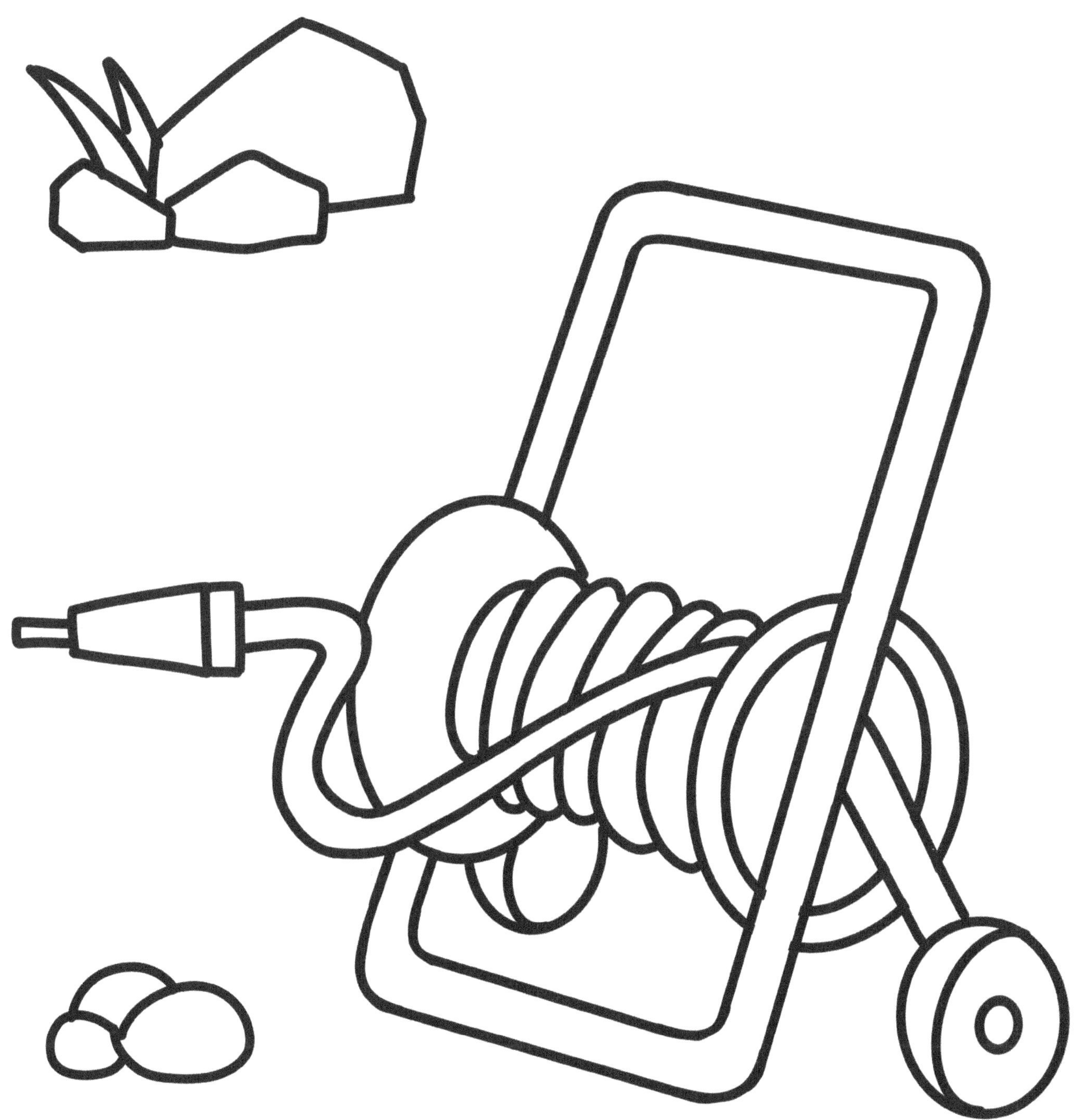

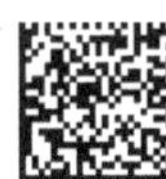

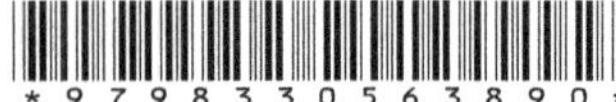
9 7 9 8 3 3 0 5 6 3 8 9 0